욕망의 전시장

식민지 조선의 공진회와 박람회

욕망의 전시장
식민지 조선의 공진회와 박람회

한국근현대생활사큰사전

초판 1쇄 인쇄 2020년 6월 5일
초판 1쇄 발행 2020년 6월 10일

지은이 　최병택
펴낸이 　이영선
책임편집 　김종훈

편집 　　김선정 김문정 김종훈 이민재 김영아 김연수 이현정 차소영
디자인 　김회량 이보아
독자본부 　김일신 김진규 정혜영 박정래 손미경 김동욱

펴낸곳 서해문집 | 출판등록 1989년 3월 16일(제406-2005-000047호)
주소 경기도 파주시 광인사길 217(파주출판도시)
전화 (031)955-7470 | 팩스 (031)955-7469
홈페이지 www.booksea.co.kr | 이메일 shmj21@hanmail.net

ⓒ최병택, 2020
ISBN 978-89-7483-929-1 03910

이 도서의 국립중앙도서관 출판예정도서목록(CIP)은 서지정보유통지원시스템 홈페이지(http://
seoji.nl.go.kr)와 국가자료공동목록시스템(http://www.nl.go.kr/kolisnet)에서 이용하실 수
있습니다.(CIP제어번호: CIPCIP2020021056)

한국근현대생활사큰사전

시각 >>>

박람회

욕망의 전시장

식민지 조선의 공진회와
박람회

최병택 지음

서해문집

들어가는 말
:

일제강점기 때 식민 당국은 '박람회'나 '공진회'라는 이름이 붙은 전시 행사를 자주 열었다. 사실 당시에는 식민지 조선뿐 아니라 미국이나 유럽 여러 나라에서도 박람회가 자주 열렸다. 일본도 여러 차례 박람회를 개최했고, 더불어 '공진회'라는 명칭이 붙은 행사도 쉴 틈 없이 열렸다. 공진회는 박람회보다 수준이 조금 떨어지는 전시 행사로, 1910년대 초반부터 조선총독부가 여러 지방에서 개최해온 바 있다.

박람회는 일정한 장소에 산업, 종교, 예술 등 여러 부문의 전시품을 진열하여 그 발전상을 비교, 확인해보는 한편, 구매 욕구를 확산하는 효과를 지닌 행사다. 박람회가 지금과 비슷한 형태로 개최되기 시작한 것은 19세기부터였다. 이른바 산업혁명으로 급격히 경제적 변화를 겪었던 영국은 자국의 부를 과시하기 위해 1851년 런던 수정궁대박람회를 개최했고, 그 뒤를 이어 유럽 열강도 앞을 다투어 만국박람회를 열었다. 프랑스는 정기적으로 만국박람회를 열어 자국의 이미지를 업그레이드한 대표적인 나라다. 우리가 잘 아는 에펠탑도 그 근원을 따져보면 프랑스 정부가 파리만국박람회를 계기로 세운 기념물이다.

조선총독부는 조선에 대한 식민 지배가 그 나름대로 성과를 거두었다는 점을 과시하기 위해 서구에서 열리던 박람회를 벤치마킹해 공진회와 박람회를 개최했다. 일제는 1910년대에 지방 각지에서 여러 차례 물산공진회를 열었고, 1915년에는 한일강제합병 5주년을 맞아 '시정 5년 기념 조선물산공진회'라는 것을 경복궁 일원에서 개최했다. 1920년대에도 조선부업품공진회, 조선박람회가 연이어 열렸다.

일제강점기에 공진회, 박람회라는 행사가 자주 열렸다는 데 주목한 연구자들은 일찍부터 이 전시 행사들이 지닌 성격을 분석하는 데 관심을 기울였다. 그 결과 적지 않은 성과가 나와 공진회에 대한 이해가 깊어졌다. 공진회에 대해 여러 연구자가 저마다 자신만의 분석 결과를 내놓았지만, 대다수 연구자들은 일제가 식민 지배 결과 "이룩해 냈다"고 한 '발전상'을 선전하기 위해 공진회를 연 것이라고 주장했다.[1] 또 어떤 사람들은 하필이면 일제가 조선물산공진회를 경복궁 일원에서 개최했다는 데 주목해 일제 당국이 이 행사를 통해 조선 왕조의 권위를 무너뜨렸다고 비판하기도 한다.[2] 나는 이러한 기존의 연구 성과에 나타난 시각이 모두 유의미하다고 생각하지만, 공진회 혹은 박람회가 단순히 왕조의 권위를 훼손했기 때문에 문제라는 시각은 단편적인 주장에 불과하다고 본다. 또 일제가 과연 짧은 시기에 식민지 조선의 '발전'을 이끌어냈다고 보는 데도 문제가 있다고 생각한다.

식민지 조선에서 열린 공진회와 박람회는 그 전시 내용이라는 면에서는 크게 대단하다고 할 만한 것이 없었다. 그런데 당시 사람 중에는 박람회라고 하면 무슨 '신세계'가 펼쳐진 것처럼 호들갑을 떠는 경우가 적지 않았다. 이렇게 사람들의 시선을 끌던 장소에는 으레 권력(혹은 자본)이 교묘하게 개입해 무언가 장치를 심어두기 마련이다. 나는 바로 그 '장치'가 무엇인가 하는 점에 관심을 두고 있다. 식민권력이 공진회와 박람회를 통해 조선인의 뇌리에 심어두고자 했던 것은 무엇인지 분석해볼 필요가 있다고 생각한다.

일제는 공진회와 박람회를 통해 자기중심적으로 권력과 피지배민 사이의 관계를 설정하고자 했다. 다시 말해 일제 당국을 '문명의 전파자'이자 '문명의 교사'로 설정하고, 조선인은 그 지도를 받아야 하는 '열등한 지위의 인간'으로 자리매김하고자 했다. 사실 조선의 공진회, 박람회는 출품된 물품의 수준이 조악한 편이어서 서구 열강이 개최한 만국박람회에는 도저히 따라갈 수 없는 낮은 수준의 행사였고, 일제가 스스로를 '문명의 전파자'로 포장하기에도 미흡했다. 그러나 그 전시물 하나하나는 조선총독부가 1910년대에 강조하던 산업 정책의 방향을 보여주는 것으로서, 그 식민 지배의 방향성을 보여주었다.

한편 식민지 조선인은 일제가 공진회와 박람회를 통해 늘어놓았던 자기도취적 지배 담론이 얼마나 기만적인지 일찍부터 깨달았다. 1920년대에 접어들어 일제는 공진회나 박람회를 개최하면 자신들의 '위대성'이 다시 조선인에게 각인될 것이라고 기대했으나, 그런 일은 일어나지 않았다. 당시 식민지 조선에 살고 있던 일본인조차 당국이 공진회, 박람회를 통해 선전하던 식민 지배의 '성과'라는 것이 더 이상 설득력을 갖고 있지 못하다는 것을 잘 알고 있었다. 그들은 이 행사 개최를 위해 당국이 강제로 동원해 오는 관람객에게 더 관심이 많았다. 억지로 끌려왔더라도 관람객이 많으면 많을수록 그들을 상대로 한 장사, 여관숙박업도 호황을 맞을 수 있었기 때문이다. 이에 서울에 살던 일본인 업자들은 틈만 나면 당국에 박람회를 다시 열어달라고 조를 정도가 됐다.

이하에서는 이러한 내용을 조금 더 자세히 살펴보기 위해 1915년 조선물산공진회를 중심으로 출품된 전시물의 성격을 살피고, 이어서 1920년대의 박람회와 공진회가 이전에 비해 어떤 변화를 보였는가 하는 점을 묘사해보도록 하겠다.

식민권력이
바라본
박람회

1:

박람회 개최
배경과
그 규모

18세기 프랑스에서는 진귀한 물건이나 발명품을 모아 전시하는 산업
전시회가 자주 열렸다. 지금처럼 볼거리가 그리 많지 않았기 때문인지
당시 사람들은 호기심 어린 눈으로 전시회장을 쳐다보곤 했고, 나들이
삼아 전시회를 보러 오는 사람도 제법 많았다. 당시 사업가들은 이에
착안해 자기 회사가 만든 상품을 광고하기 위해 산업전시회에 출품하
기도 했다. 프랑스에서 인기를 끌던 산업전시회 개최 열기는 곧 유럽
여러 나라로 전파되었다. 각국은 자기 나라의 산업 발전 정도를 이 전
시회를 통해 가늠하기도 하고, 자국의 국민들에게 소개하기도 했다.

　영국 정부도 산업전시회를 간간히 열었다. 그런데 1851년에 이르
러 그 규모를 키워 자기 나라 상품뿐만 아니라 다른 나라의 우수 상품
이나 물산까지 모아 비교하는 '만국박람회'를 개최했다. 이 박람회는
크리스털 팰리스(수정궁)라는 곳에서 열렸기 때문에 일반적으로 '수정

1851년 런던에서 열린 수정궁대박람회 개막식.
주강현, 《세계박람회 1851~2012》, 블루&노트, 2012, 160쪽

수정궁대박람회의 기계전시실을 묘사한 그림.
기계실은 특히 많은 관람객을 끌어들였다.

런던 하이드 공원에 건립된 수정궁 모습.
수정궁은 1936년 화재로 소실됐으나,
'크리스털 팰리스'라는 이름만큼은 영국 프리미어 리그의
축구팀명으로 아직까지 남아 있다.

1893년 개최된 시카고만국박람회장 전경(위)과
박람회 중 열린 시카고의 날(1893. 9. 9) 모습.

시카고의 날 포스터.

궁대박람회(The Great Exhibition at the Crystal Palace)'라고 부른다.

　박람회가 열린 수정궁은 벽과 지붕이 크리스털로 뒤덮여 있었으며, 그 규모도 무척 컸다. 런던 사람들은 이 박람회장에 자부심이 유난히 커서 건물을 영구 보존해야 한다고 여겼는데, 아쉽게도 1936년 11월에 화재로 소실되어 버렸다. 그렇지만 지금도 런던에는 크리스털 팰리스라는 지명이 남아 있고, 심지어 프리미어 축구 리그에도 그 이름을 딴 팀이 있을 정도로 사람들의 뇌리에 각인되어 있다.

　수정궁대박람회에　전시된 물건도 크게 관심을 모았다. 자카르직기, 은판 사진, 기압계, 콜트 리볼버 권총, 색지움 렌즈, 적도의 등 세상에 선보인 물건은 관람객의 이목을 끌었다.

　화려한 외형의 전시장과 첨단 발명품이 어우러진 박람회는 대단한 볼거리였다. 이 웅장하고 화려한 잔치를 구경하기 위해 영국 최북단의 스코틀랜드뿐만 아니라 바다 건너 프랑스와 독일에서부터 600만 명에 이르는 사람이 몰려들었다. 영국 서남단 콘월 지방에 살던 어떤 여성은 순전히 이 박람회를 구경해보겠다는 일념으로 한 달 동안 걸어서 런던까지 와 언론의 주목을 끌기도 했다.

　수정궁대박람회가 크게 성공을 거두었다는 소식은 여러 나라에 알려졌다. 서구의 여러 나라는 박람회가 자국의 발전과 우월함을 과시할 기회라는 점을 깨닫고 경쟁적으로 박람회를 열기 시작했다. 어떻게든 더 화려하고 웅장하게 박람회장을 꾸미려는 경쟁이 벌어지는 가운데 프랑스는 1867년 파리만국박람회장에 지금도 세계적인 명성을 얻고 있는 에펠탑을 세웠다. 미국도 독립 100주년 기념 필라델피아만국박람회(1876), 콜럼버스 신대륙 발견 400주년 기념 시카고만국박람회 (1893) 등 여러 차례 박람회를 개최하여 자국의 위세를 전 세계에 자랑했다. 미국은 박람회를 개최할 때마다 자국이 이룩해낸 발전상을 과시하기 위해 웅장한 시설물을 세우거나 획기적인 발명품을 전시하는 데 세심한 노력을 기울였다. 일례로 시카고만국박람회 때는 2100여 명을 동시에 태울 수 있는 거대한 회전관람차를 세웠고, 필라델피아만국박람회 때는 벨의 전화기를 세계 최초로 출품했다.

전화기뿐 아니라 자동차도 1885년 벨기에의 안트베르펜만국박람회를 통해 처음 대중에게 모습을 드러냈다. 이처럼 여러 나라가 앞다투어 만국박람회를 열고 그 규모 역시 날로 커지는 가운데 1928년 프랑스의 주도로 "박람회 개최 결정권 등을 가진 '국제박람회기구(Bureau of International Exposition, BIE)'가 창설됐다. 지금도 활동하는 국제박람회기구는 박람회 개최를 통해 인류 문명 진보에 지대한 역할을 했다"고 자평하면서 "혁신과 진보의 성과를 전시함으로써 그 경험을 공유하고 협력을 증진하는 것"이 박람회 개최의 목적이라고 밝힌 바 있다.

국제박람회기구가 말하듯이 박람회는 주최국이 거두어들인 '혁신과 진보의 성과'를 과시하고, 다른 나라에 이를 전하는 장으로 충실히 기능했다. 그러나 영국, 프랑스, 독일, 미국 등의 열강이 마냥 혁신과 진보의 경험을 공유하기 위해 엄청난 돈을 써가면서 박람회를 개최했다고 보기는 어렵다. 박람회가 아무런 의도 없이 단순 나열된 물건의 전시 행사가 아니라는 것이다.

어느 국가든지 박람회를 열 때에는 개최 장소뿐만 아니라 전시장의 배치, 관객 동선까지 세심하게 기획하는 것이 보통이었다. 전시장을 꾸미고 전시 품목을 고르는 일련의 과정에 가치가 개입되어 있는 것이다. 전시 기획자는 전시장 안에 설치된 시설물과 전시품을 통해 일종의 '내러티브'를 펼쳐 보이고, 관람객이 이를 간취할 수 있도록 했다. 박람회의 성격과 효과를 이해하려면 바로 이런 점에 유의하여 그 의미와 의도를 주의 깊게 들여다보아야 한다. 박물관학자 토니 베넷(Tony Bennett)에 따르면 박람회나 박물관 등의 '전시복합체(展示複合體)'는 사물의 교묘한 배치를 통해 관람자가 그 사물을 특정한 시선으로 바라보게 하며, 이러한 방식으로 지식을 통제하는 역할을 한다.' 그 자체로는 아무런 가치가 없을 수도 있는 물품을 특정한 동선과 위치에 배치하고 특별한 의미를 부여한다는 것이다. 그는 전시복합체의 이러한 역할을 '대중 통제'의 일환으로 파악하기도 한다.

여기서 대중 통제란 물리적, 폭압적 지배를 의미하는 것이 아니다. 전시된 사물을 통해 권력이 원하는 내러티브를 수용하도록 하는 방식으로 관철되는 통제 전략을 의미한다. 다시 말해 전시복합체를 통해 규율권력이 작동하도록 한다는 것이다.

박람회와
규율권력

규율권력이란 사회의 여러 제도 속에 장치된 규율과 위계질서를 그 안에서 생활하는 사람들로 하여금 스스로 내면화하도록 작용하는 힘이다. 사람들로 하여금 '감시자'가 설정한 질서를 내면화하게 하고, 어느 정도는 '자발적'으로 감시자의 시선을 받아들여 스스로가 스스로를 감시하게 하는 것이다. 사회 구성원이 감시의 시선을 학습하게 되면 권력자가 외부 힘을 행사하지 않아도 공고한 통제가 가능하다.

여기서 '자발적'이라는 표현에는 여러 가지 고려해야 할 점이 있다. 헤르베르트 마르쿠제(Herbert Marcuse)에 따르면 20세기 사회는 관용적이면서도 아이러니하게도 억압적이다. 사회는 억압적 관용을 특징으로 하는 권력 아래 움직이며, 모든 종류의 비판적 사고가 거세되고 일원적 시각이 사람들의 인식 속에 스며든다. 미셸 푸코(Michel Foucault)도 이와 비슷한 생각을 했다. 그는 18세기 이후의 서구 사회가 겉으로는 인도주의적 이미지를 표방했지만 실제로는 철저하게 규율을 내면화하도록 강요했다고 주장한다. 그리고 그 '강요'는 물리적 폭력이 아니라 규율권력을 통한 '자발적' 순종 또는 내면화라는 과정으로 관철된다고 본다. 마르쿠제와 푸코의 주장을 받아들인다면 '규율권력이 작동하는 사회에서 사람들이 규율을 자발적으로 내면화한다는 표현을 사용할 수 있는가?' 하는 문제에 대해 복잡한 생각을 하지 않을 수 없게 된다. 우리 행동 중 어떤 것이 '자발적인 것'이고, 또 어떤 것이 '감시자'에 의해 '강요된 것'인지 그 경계가 모호한 때가 적지 않기 때문이다. 사실 이처럼 규율 수용의 태도가 자발적인지, 강요된 것인지의 여부를 확실히 구분할 수 없는 정도가 될 때 권력이 의도하는 목적은 더 쉽게 달성될 수 있는 법이다.

근대를 살아가는 인간은 자율적 이성에 따라 자발적으로 사회의 무수한 규율을 따르는 것 같아도 실은 권력과 담론에 의해 사회 구성원에게 주입되는 질서를 체화하며 생활한다. 이성의 명령에 따른다고 생각하지만, 알게 모르게 강요된 규율을 따르며 산다는 것이다. 이 문제를 다른 시선에서 표현하면, 근대의 권력은 기본적으로 '감시자'의 세계관과 욕망을 타자에게 연장하는 방식으로 이루어진다. 자기가 바라보는 세상과 추구하는 욕망을 타자가 자신의 세계관과 욕망인 것처럼 받아들이게 할 수 있다면, 권력은 더욱 강해지기 마련이다.

고도로 조직된 권력이라면 제러미 벤담(Jeremy Bentham)이 고안한 것과 같은 파놉티콘(Panopticon)을 구성하는 전략을 취할 수도 있다. 파놉티콘은 '모두 본다'는 뜻으로, 벤담이 설계한 원형 감옥이다. 이

감옥에서 간수는 중앙에 있는 탑에 위치하며 시선을 돌리는 행위만으로도 죄수의 일거수일투족을 감시할 수 있다. 사회 전체가 하나의 파놉티콘처럼 구성된다면 권력을 가진 자는 손쉽게 자신이 만든 질서와 담론을 강요할 수 있고 대중의 순종을 이끌어낼 수 있다.

그런데 여기서 권력을 행사하는 자, 감시의 시선을 가진 자는 일반적으로 '감시자'로 상정된다. 일상생활에서 대다수의 사람은 누가 감시자인지 명확히 파악하기 어려우며, 또 그 감시자가 누구인지 관심을 쏟지도 않는다. 이러한 상황은 사람들이 그 사회를 규율하는 질서의 유지와 개편에 참여할 수 있다고 믿는 경우 더 강하게 나타난다. 자신이 그 감시자의 일원이 될 수도 있고, 감시자의 행위를 좀 더 도덕적이고 바람직한 방향으로 조정할 수도 있다고 믿게 되면 스스로가 그의 동조자처럼 행동하게 될 것이다. 이러한 상태에서는 규율권력이 은밀하면서도 파괴적인 힘을 갖게 되고, 규율권력이 만들어낸 사회의 질서와 담론은 압도적 권위를 가질 수 있다.

식민지라는 특수한 환경에서는 이와 같은 현상이 다소 변형되어 발현한다. 식민 지배하의 피지배민에게는 그 감시자가 자신과 처지가 다른 존재다. 감시자는 피지배 대중 일반의 처지와 견해를 무시하고, 오로지 자신의 생각과 욕망만 강요하는 억압자일 뿐이다. 이러한 식민 상태에서는 규율권력을 행사하는 자와 그 지배를 받는 자의 경계가 명확하고, 권력을 가진 자를 제외한 주체는 '타자화'된다.

타자화는 누군가를 자신과 다른 존재로 규정하는 행위다. 문제는 그 과정에서 타인의 주체성을 지워버리고 도구적 가치만 남은 객체로 규정하는 일이 발생한다는 것이다. 남을 도구적 가치로 보는 행위에는 자기중심적 세계관과 타인에 대한 사회적 차별과 소외가 동반된다. 오리엔탈리즘 이론에서 타자는 이질적이고 '낯선 것'으로 상정되는 주체이며, 식민주의자에게 이질적인 것은 '열등한 것'과 등치된다. 잘 알려진 것처럼 에드워드 사이드(Edward Said)는 서양인이 선입견을 가지고 동양을 보는 행위를 오리엔탈리즘으로 규정하고, 오리엔탈리즘적 사고를 가진 사람이 비서양적인 것을 열등한 존재로 차별하는 행위를 비판했다.

이는 식민지 권력자가 대개 공유하는 시선이다. 식민지 권력이 피지배자를 이질적이면서도 열등한 존재로 자리매김하는 행위는 단순히 관념적 차별 의식을 갖는 수준에 그치지 않는다. '조선인은 일본인보다 열등하다'는 생각을 지니고 표정과 행동으로 그 차별 의식을 표출하는 것만으로는 배제된 주체가 타자의 범주 안에 갇히기 힘들다. 참정권뿐 아니라 학교 교육, 고용 등의 분야에서 차별이 제도화될 때 타자는 좀처럼 벗어나기 어려운 배제된 공간으로 던져지게 된다.

그렇게 배제된 대중 속에서 다양한 사람이 그런 차별에 대응한 행동 전략을 취하게 되는데, 어떤 사람은 식민권력이 취하는 시각을 자신의 것으로 전유하려 하고, 또 어떤 사람은 네거티브한 담론으로 무장한다. 그러나 대다수의 사람은 그러한 구도에 말려들지도 않고 사회가 하나의 거대한 파놉티콘으로 구성돼가고 있다는 의식을 갖지도 못한다. 그들은 그저 일상의 힘겨운 삶을 살아나갈 뿐이며, 거대 담론에 좀처럼 관심을 갖지도 않는다. 가야트리 스피박(Gayatri Chakravorty

Spivak) 등은 이러한 존재를 서볼턴(Subaltern)이라는 개념으로 범주화하기도 했다. 서볼턴으로 범주화되는 존재는 식민권력으로서는 골치 아픈 문젯거리가 아닐 수 없다. 이들의 상당수는 자신이 제국주의자가 그어놓은 구도 속에서 열등한 위치에 놓인 타자라는 '사실'을 제대로 인식하거나 받아들이지 못한다. 그들은 제국주의자가 자신보다 우월한 '문명인'이라는 '사실'을 내면화하지도 못한다. 이렇게 타자가 타자로서의 자의식을 갖지 못하는 것은 식민권력이 내놓은 지배 논리를 이해하지 못한다는 의미가 되기도 한다.

제국주의 지배자에게는 이러한 상태가 피지배 대중 전체의 '무지 몽매함'에 기인한 것으로 보이지만, 사실 그들에게는 전혀 다른 구도 속에서 세계를 이해하는 가치관이 형성돼 있는 경우가 많다. 지배자와 피지배자 사이의 이러한 간극은 규율권력이 작동하는 범위를 좁게 만든다. 규율권력이 제대로 작동하지 않는 상황이 되면 식민권력은 지배의 영속화를 위해 군대나 경찰 같은 폭력 기구에 투자를 확대해야 한다. 또 피지배 대중의 저항이 혹시나 거세지지 않을지 항상 감시해야 한다. 조선총독부가 무단통치기에 헌병 경찰제를 운용하고 조선인의 일상생활을 늘 감시했던 것도 이러한 이유였던 것이다.

식민권력이 규율권력을 강화하는 것은 좀 더 손쉽게 지배하기 위해서라도 필요한 일이다. 따라서 식민 당국으로서는 규율을 주입하기 위한 조치가 필요하다는 인식을 갖게 마련인데, 이를 위해서는 배제된 피지배 대중을 학교 교육 안으로 끌어들여 식민 지배 담론을 주입하거나 언론 또는 선전을 통해 차별을 당연한 것으로 받아들일 수 있게 해야 한다. 그러나 이렇게 하는 데는 몇 가지 문제가 있다.

먼저 비용 문제다. 규율권력을 강화하기 위해서는 상당한 비용을 투입해야 한다. 특히 체제에 순응하는 자를 양성하기 위해서는 학교라는 장치가 필요한데, 이 학교를 만들고 운영하는 데 적잖은 돈이 들어간다. 일례로 1910년대 일제는 비용을 제대로 댈 수 없다는 이유로 보통학교 설립을 되도록 억제하겠다며 군(郡)당 하나 정도의 보통학교만 설립하도록 제한한 적이 있다.[2]

비용 문제 외에 규율권력을 강화하기 위한 장치가 오히려 규율권력을 전복하는 단초가 될 수도 있다. 식민지 교육을 받으면서 성장한 사람이 영원히 식민권력이 원하는 방식으로 행동할 것이라고 확신할 수 없다는 것이다. 그들이 오히려 식민권력을 대체하는 새로운 권력을 구성하려고 할 수도 있고, 식민 교육을 통해 오히려 차별에 분노하는 저항 세력으로 성장할 수도 있다.

이런 상황에서 식민권력자는 그 대안으로 피지배자들을 대상으로 폭력을 행사하는 식으로 자신들이 만들어놓은 담론을 주입하려 시도하기도 한다. 법령을 위반한 자에게 태형을 가한다거나 경찰이 즉결 심판할 수 있게 하는 것이다. 그러나 아무래도 체벌은 영속적인 효과를 거두기에는 한계가 있기 마련이다. 당장의 폭력으로 누가 감시자인지 또 누가 지배자인지 선명하게 드러낼 수는 있지만, 규율을 내면화하는 데 영향을 끼치기는 어렵다.

그렇기 때문에 식민권력은 폭력적 도구를 마련하면서도 그와 함께 선전과 이미지화 전략을 병행한다. 일제 당국의 사례를 들어보자.

조선총독부는《매일신보》등을 이용해 끊임없이 일본을 문명의 전파자로 이미지화하고, 식민 지배로 인해 다가올 것이라고 상정된 판타지를 활자로 표현해 피지배민에게 전달하려 했다.《매일신보》와 일본 언론에 나타난 조선총독부는 조선에 문명의 이기를 전파하려 노력하는 선한 존재였고, 조선인은 이를 깨닫지 못하는 '무식자'다. 무식자는 자신이 '야만' 상태에 빠져 있음을 자각하지도 못하고, 자신이 '불쌍한 존재'인 것도 모른다. 조선총독부가 야만 상태에 빠진 조선인을 구하기 위해 '선한 노력을 다한다'는 것도 알지 못한다.

일제는 조선인 대중이 자신의 처지를 자각해야 비로소 규율권력이 작동할 공간이 확보된다고 생각했다. 그래서 언론을 통해 그런 내러티브가 담긴 메시지를 반복 재생산했던 것이다. 그런데 문제는《매일신보》의 열독률과 보급률이 그리 높지 않다는 데 있었다. 전국 유통망이 미처 형성돼 있지 않았기에 도시를 조금이라도 벗어나면 신문 보는 사람을 찾기 어려운 상황이었다. 물론 식민 지배 기구를 통해 신문 구매를 강요하는 일이 없지는 않았으나, 굳이 돈을 내고 신문을 보겠다는 사람은 많지 않았다.

아무리 정교한 내러티브가 구성됐다 하더라도 정작 독자가 이를 주목하지 않으면 아무런 효과가 없다. 이 지점에서 식민권력은 지배 담론을 스펙터클한 시각 장치로 재현하는 데 관심을 쏟게 된다. 식민 권력이 구축한 자기 이미지는 활자보다 시각 장치로 표현될 때 더 효과적으로 전달되기 마련이다. 일제는 이러한 점에 착목해 식민 당국의 권위를 시각적으로 전달하고, 이로써 조선인들로부터 '순종하는 자세'

를 이끌어내려 했던 것이다. 당시 식민권력은 이러한 효과를 거둘 수 있는 장치로 박람회만 한 것이 없다고 생각했다.

사전적 의미에서 박람회란 "산업과 기예, 학술 등에 관한 활동의 성과를 생산품, 모형, 기구도(機構圖) 등의 전시와 실연 등을 통해 일반인에게 알리는 행사"다. 이 정의에 따르면 박람회는 '생산품이나 모형을 전시하는 행사'에 불과하지만, 19~20세기 초 열린 만국박람회는 단순한 전시회 정도에 그치지 않고 모든 사람들의 시선이 집중되는 국가적 행사라고 할 만큼 의미가 컸다. 발터 베냐민에 따르면 "박람회는 상품이라는 물신을 순례하며 그 교환가치에 감정을 이입하도록 하는 학교"인 동시에, 유토피아적 꿈을 표상하는 판타스마고리아(Phantasmagoria), 즉 모든 것이 아름답다고 착각하게 만드는 환등상(幻燈像)이다.

판타스마고리아의 역할을 한다는 점에 유의하여 박람회의 기능을 살펴보면 이 행사가 상품 그 자체를 소개하는 데 그치지 않는다는 사실을 알 수 있다. 박람회는 상품을 축제 분위기 속에 정교하게 위치시키고 거기에 유토피아적 꿈과 가치를 부여한다. 박람회에 전시된 물건은 교환가치보다는 이미지 재현 가치를 지니게 된다. 그야말로 탈맥락화된 재화인 것이다.[3]

탈맥락화란 재화가 형성되거나 사용되는 사회, 정치, 문화적 토양으로부터 모종의 추상화된 담론이나 내러티브 또는 특정한 공간 속으로 위치가 옮겨지는 것을 의미한다. 탈맥락화는 일상생활에서 쉽게 접할 수 있는 물건에서도 일어날 수 있고, 우주 로켓이나 최신 자동차처럼 혁신적 가치를 지닌 물건에서도 일어날 수 있다. 평범한 돌이라 하더라도 어느 위대한 또는 '위대하다고 상정된' 인물이 앉았다는 이유만으로 판타스마고리아 속에 중요한 위치를 차지할 수 있는 것이다.

혹자는 박람회가 개최국의 문명 정도를 과시하는 행사 또는 각국의 문명화를 비교하고 가늠하는 행사라고 정의 내린다. 물론 이러한 정의는 어느 정도 타당하기도 하지만 박람회로부터 파생하는 타자화와 규율권력 등의 다양한 작용을 포용하기에는 부족한 느낌이 있다. 박람회는 단순히 혁신적이고 대단한 발명품만을 전시하는 곳이 아니라, 규율권력을 원하는 감시자가 식민지 대중을 상대로 자신의 이미지를 형상화하여 전달하는 통로이기도 하다. 다시 말해 베냐민이 지적한 대로 박람회는 관객으로 하여금 식민지 현실에 무감각하게 하는 판타스마고리아로 기능한다.

판타스마고리아의 기능을 가지려면 역시 그 시각적 충격이 커야 한다. 관람객이 박람회를 구경하고 나서 자신의 초라한 처지를 인지하고, 전시품과 디오라마(모형)가 마치 현실의 일반적인 모습을 표현한 것인 양 착각하게 만들어야 한다. 군중이 전시장 안에서 유토피아적 환영에 빠져 그것을 어떤 식으로든 자기 자신의 욕망과 결합하려는 욕망을 불러일으켜야 한다.

박람회 기획자는 단순히 근대 문명을 상징하는 물건만 진열하는 것이 아니라, 그 배치와 물품 선정 과정에서 대중에게 전달하고 싶은 이야기를 내러티브화한다. 그 내러티브는 어떤 경우 자본가가 일반 대중에게 던지고 싶은 메시지를 담고 있기도 하지만, 또 어떤 경우에는 식민권력자가 피지배민에게 제시하고 싶은 담론을 담고 있기도 하다.

어떤 경우든지 전시 내러티브가 좀 더 강한 인상을 남기게 하기 위해서는 전시품 수준이 그야말로 유토피아를 표현한 것이 아니냐고 말할 정도로 웅장하고 화려해야 한다. 근대적 판타스마고리아 속에 들어온 사람이 그 환영을 떨쳐낼 수 없을 정도로 강렬해야 한다는 것이다. 요시미 순야(吉見後哉)에 따르면 박람회 기획자는 관객으로 하여금 자신이 제시한 내러티브를 발견하게 하며, 이를 통해 스스로 규율하게 만든다.

관객이 어떠한 비판 의식도 갖지 못하게 만들기 위해서는 인간의 생활이 그 전시품으로 인해 곧 획기적 변화를 맞이할 것이라고 믿도록 해야 한다. 근대 문명의 첨단을 장식하는 상품으로 꾸몄다고 하는 1851년 수정궁대박람회는 그런 기능을 하는 데 손색이 없었다고 할 정도로 웅장하고 화려했다.

박람회의 효과와 그 첨단의 이미지는 일찍부터 동아시아 지역에 알려져 있었다. 중국은 박람회를 새기회(賽奇會) 또는 현기회(炫奇會)라고 부르면서 "신기한 것을 다투거나 자랑하는 것" 정도로만 보다가 만국박람회에 실제 중국인이 구경거리로 전시되고 있다거나, 전시관을 마련하지 않은 나라들을 유럽 사람들이 비문명국으로 여긴다는 소식이 전해지자 그에 자극받아 적극적으로 박람회에 참가하기 시작했다. 중국이 만국박람회에 참가하게 된 계기는 이와 같이 중국의 후진적 이미지를 불식해야 한다는 판단이 섰기 때문이다.

일본도 크게 다르지 않았다. 일본은 만국박람회가 세계 자본주의 열강의 힘을 보여주는 장이라고 여기고 일찍부터 박람회 참가에 열을 올렸다. 또 자국에서 여러 차례 내국권업박람회를 개최하고, 그때 전시된 상품을 백화점의 선구적 형태인 '권공장(勸工場)'에 상설 전시해 팔기도 했다.

일본 자국에서 열린 박람회는 일본인에게 '우리도 제국주의 열강의 일원'이라는 의식을 심어주는 효과를 거두었다. 일본인의 상당수는 박람회를 관람하면서 영국, 프랑스 등의 제국주의 강국과 자신들의 문명 수준이 비슷하다는 착면에 빠지게 됐고, 이는 식민지 침탈 문제에 둔감해지도록 하는 효과로 이어졌다. 사실 '문명인이 비문명국을 지배하는 것은 큰 문제가 아니다'라는 의식은 당시 제국주의자라면 상식처럼 가지고 있던 생각이다. 이른바 문명인이라는 '사실'에 확신이 들수록 침략 행위에 죄의식을 느끼지 못하게 된 것인데, 이는 당시 시대를 특징짓는 아이러니이기도 하다.

한편 조선에도 박람회라는 행사가 열린다는 사실 정도는 알려져 있었다. 1902년경 대한제국 상공부대신 민종묵은 〈임시박람회사무서 설치청의서〉라는 문서를 작성하여 의정부에 제출했는데, 여기에 박람회가 어떤 취지의 행사인지 설명돼 있다.

나라의 부원(富源)은 상공업을 진흥하는 데에 있다. 무릇 상공업자로서 옛 소견을 묵수하고 새로운 견문을 받아들이지 않게 되면 상공업은 진흥되지 못할 것이다. 현재 상공업의 급무는 마땅히 먼저 새로운 견문에 눈을 뜨게 하는 일이니, 박람회를 열어 직접 보도록 하는 것보다 더 좋은 방법이 없다. 내국의 상공인으로 하여금 각기 그 재능을 발휘하여 아름다운

33

산품을 만들어내게 하고, 나날이 이를 참고하게 하여 그 발전의 방안을 교류하게 하면 효과가 나타날 것이고 세입도 늘어날 것이다. 또 다른 나라 사람과 모여 그 출품을 권하고, 서로 교류하게 하면 날로 실력이 늘어나게 될 것이다.[4]

이 글에서 알 수 있듯이 1900년대 대한제국 관리가 생각한 박람회는 상공업 발전을 위한 정보 교류의 장이었다. 박람회를 통해 우수한 상품에 대한 정보를 교류하고, 그에 자극받아 더 나은 물건을 만들겠다는 의지를 다질 수 있다고 보았던 것이다.

이처럼 대한제국 관리의 뇌리에는 '옛 소견'을 지닌 사람으로 하여금 '문명'의 경지에 도달하려면 어느 정도 노력해야 하는지 인식할 수 있도록 유도하기 위해 박람회를 열어야 한다는 의식이 있었다. 관료뿐 아니라 애국계몽운동을 하는 지식인도 다음과 같이 말하며 이러한 시각을 공유했다.

세계 산업의 진보와 발달을 도모하며 열국(列國)의 찬성을 구하여 세계 만국으로부터 진열품을 수집해 다대하게 개설한 박람회를 만국박람회라고 한다. 만국박람회는 내국박람회가 발달된 것인데 만국박람회에 찬성하는 주요한 목적은 무역품의 판로를 해외에 확장하는 것이다. 내국박람회는 성질상 단순히 산업의 진흥을 목적으로 하지만 만국박람회는 무역품의 견본을 진열하는 장인 관계로 세계의 수요에 대응할 수 있는 물건을 출품하지 않으면 효과가 없다.[5]

박람회를 열고자 하는 자와 그곳에 '참석해야 할 자' 그리고 박람회가 열리기를 바라는 식자층 사이에는 공통의 목적이 있었다. 그들은 일종의 협력자 관계인 것이다.

한편 1910년 대한제국을 강제병합한 일제도 박람회가 모종의 효과를 거둘 수 있는 이벤트라고 생각했다. 그러나 일제가 생각한 박람회는 상공업 진흥을 위한 정보를 교환하는 장이 아니라, 조선인으로 하여금 스스로 '야만인' 상태에 있음을 자각하고, 그 야만 상태를 벗어날 수 있는 방법을 조선총독부가 곧 알려줄 것이라고 믿게 만드는 '선전의 장'이었다.

서구 제국주의 국가는 침략을 감행할 때마다 식민지에 '문명'을 전수한다는 명분을 내세우고, 스스로를 마치 '문명화의 사도'인 양 믿는 자기 최면 상태에 빠졌다. 제국주의자는 '문명화의 사명' 또는 '백인의 부담'이라는 논리 아래 자국의 이익을 추구하고 이를 합리화했다. 침략을 문명화의 사명으로 미화하게 되면서 제국주의자는 자국의 침략 행위를 '인류의 발전에 기여하는 고귀한 행위'로 탈바꿈시킨 것이다.[6]

일본도 크게 다르지 않았다. 미국에 의해 강제로 개항하게 된 후진국 일본은 스스로를 제국주의 국가와 동일시하는 행동 방식을 취했다. 이러한 분위기 속에서 일본은 서구의 문명 기술과 서구 사회에서 통용되는 담론을 무비판적으로 수용하게 됐다. 일례로 메이지(明治) 정부에서 내무상과 외무상을 역임한 이노우에 가오루(井上馨)는 "서양 사회에 관한 정보를 단순히 기술하는 데서 멈추지 말고 서양의 가치와 제도를 모두 받아들여야 한다"라고 말했다.[7] 서구 제국주의 열강의 세계관과 시선을 받아들이고, 그들과 똑같은 방식으로 행동하고 세계를 바라봐야 한다는 것이 그의 생각이었다.

이런 주장은 이노우에의 사견으로 그치는 것이 아니라, 메이지 시기 일본의 관료와 식자라면 누구나 지지하는 견해가 됐다. 일본의 정치와 사회를 주도하는 사람이 이 같은 생각에 빠져 있다 보니 국가로서의 일본 역시 서구 제국주의 국가가 자국을 '문명국'으로 여기는 태도를 그대로 흉내 내게 됐다. 일본은 여러 동아시아 국가 침략을 문명 전파 행위 정도로 여기는 자기기만에 빠졌고, 조선 침략 과정에서도 똑같은 모습을 보였다. 다시 말해 조선을 문명화시키는 것이 일본의 사명이라는 자기 합리화에 빠진 것이다.

1910년대 조선총독부가 발행한 기관지와 일본인 소유 신문에서는 매일같이 조선총독부가 발표하는 정책을 문명 전파를 위한 '결단'이라고 선전했다. 그러한 내용의 기사가 게재되지 않는 날이 없었다고 할 정도로 언론은 조선인 대중을 대상으로 일종의 최면술을 행했다.

조선총독부가 박람회 개최를 원한 이유도 언론에서 반복 재생하는 담론을 좀 더 정교하고 웅장하게 재연하는 데 있었다. 다시 말해 일본은 '문명의 전파자'라는 이미지를 획득하고, 조선인은 스스로를 '야만인' 또는 '비문명인'으로 여기게 하도록 하고자 박람회를 열려 했던 것이다. 박람회는 일본제국주의자에게 문명화의 사도임을 자임하는 자기 정체성을 확인하는 장의 의미로 받아들여졌다. 또 식민지 조선 사회 곳곳에 스며들기를 원했던 규율권력을 조선인으로 하여금 내면화하게 하는 제일보가 될 수도 있었다.

박람회가 만일 조선인으로 하여금 자기 스스로를 야만인이라고 여기게 만드는 충격파가 될 수 있다면, 조선총독부는 좀 더 수월하게 조선을 지배할 수 있을지도 모를 일이었다. 그런데 이 지점에서 대한제국 시기에 만들어진 박람회의 이미지와 일제가 규정한 박람회의 역할이 상이했음을 지적할 필요가 있다. 대한제국 시기에 관료와 지식인은 박람회를 통해 상공인을 정부가 목표로 하는 상공업 진흥 정책의 동조자로 만들고자 했다. 그러나 조선총독부는 조선인 피지배자로 하여금 스스로를 '야만인'으로 여기게 만들고, 일본인 지배자를 '문명인'으로 받아들이도록 하는 데 전력을 기울였다.

이러한 행위는 일본인과 조선인 사이에 좀처럼 건너기 힘든 간극이 존재한다는 인식을 갖게 할 때 제대로 된 효과를 거두게 된다. 다시 말해 일제는 박람회를 이용해 스스로를 '문명화의 화신'으로 이미지화하려 했고, 조선인도 조선총독부의 지도에 순응하면 그 문명화의 경지에 도달할 수 있을 것이라는 환상을 심고자 했다. 그런데 '문명화의 화신'과 이른바 야만인 계층 사이에는 배제의 역학이 작동하기 마련이며, 이는 결과적으로 차별을 정당화하는 방향으로 나아가게 되어 있다. 조선인이 야만인이라는 사실을 받아들이는 순간 차별의 시선이 작동하게 되는 것이다.

이와 같이 대한제국 정부와 조선총독부는 모두 박람회가 중요하다는 인식을 갖고 있었으나, 박람회를 이용해 거두어들이려는 효과에 대한 기대는 사뭇 달랐다. 요컨대 일제는 대한제국 관료와 달리 박람회를 조선인을 식민 지배의 규율권력에 포섭하려는 목적에서 중시했다. 관객으로 하여금 근대 문명의 최고 수준에 동화하도록 하고, 이를 통해 소비 계층을 확대하겠다는 것이 서구 박람회 개최의 목적이었다면, 일제가 바라는 박람회는 조선인 스스로 이른바 야만인이라는 자괴감을 갖도록 하고, 그 상태를 벗어나기 위해 조선총독부의 지배에 순응해야겠다는 감정을 불러일으키게 만드는 이벤트였던 것이다.

제국주의자들이 원한 것처럼 박람회를 통해 피지배자들을 포섭하면서도 그들과 식민권력 사이에 배제의 역학이 구동되도록 하기 위해서는 정교한 전시 장치가 필요하다. 조선인에게 야만인이라는 자의식을 심어주면서도, 언젠가 그 야만의 경계를 벗어나 문명인이 될 수도 있다는 '헛된 희망'을 갖게 해야 하는 것이다. 이와 같이 복잡한 양가감정을 갖도록 하는 것이 그리 쉬운 일은 아닌 것이다.

이와 같은 목적을 달성하기 위해서는 일단 박람회에 전시되는 물건이나 디오라마가 조선인을 압도할 수 있어야 하고, 조선인으로 하여금 그것들을 자신의 것으로 만들고 싶다는 유혹에 빠져들게 해야 한다. 또 조선총독부가 그러한 문명화의 길 입구에 서서 야만인을 끌어들이는 '선한 인도자'라는 '사실'을 "설득력 있게" 전달할 수 있어야 한다. 그런데 조선총독부는 박람회 이벤트를 기획하는 단계에서부터 이러한 이미지 구축에 실패했다. 일단 조선인의 이목을 끌 수 있는 물건을 확보하는 것부터 난관에 부딪혔다. 서구의 만국박람회에 비행기, 자동차, 에디슨의 전구 등이 전시될 때 조선총독부는 묘목이나 일본의 벼 품종을 전시할 생각에 머물러 있었다. 이런 상태에서 조선인의 의식을 포섭해내기란 쉽지 않았다.

조선에 거주하는 평범한 일본인은 설마 자신들이 박람회를 열 수 없을 것이라고는 생각하지 않았다. 하지만 조선총독부의 정책 입안자들은 그것이 쉽지 않다는 것 정도는 잘 알고 있었다. 그렇기 때문에 조선총독부는 1910년대에 박람회를 개최할 수 없다고 선언하고, '조신인의 문명 수준이 낮아서 박람회보다 격이 떨어지는 물산공진회(物産共進會)를 열겠다'고 결정한 것이다.

식민권력은 이 물산공진회라는 것에 지나치게 기대를 걸었다. 물산공진회를 열기만 하면 그 장대함이 조선인을 압도할 것이며, 자연스럽게 식민권력의 권위도 높아질 것이라고 생각한 것이다. 식민 당국으로서는 이러한 효과를 거두기 위해 전시장을 거대하고 화려한 볼거리로 채울 필요가 있었다. 물산공진회가 볼거리가 없는 초라한 행사라는 소문이 퍼지기라도 한다면 조선총독부가 의도한 목적을 달성할 수 없을 뿐만 아니라, 식민권력의 권위가 땅에 떨어질 수도 있었다. 이러한 사정이 있었기 때문에 1910년대 조선총독부는 물산공진회에 형형색색의 모형 인형을 배치한다거나 기생 공연 등 여러 가지 부대 행사를 개최하는 방식으로 조선인의 이목을 분산하려 했다. 이러한 부대 장치를 여러 차례 동원하고, 대중의 관심이 집중되기를 원했다는 것은 일제가 스스로 물산공진회를 통해 거둘 수 있는 효과가 그리 높지 않다고 걱정했음을 방증한다.

조선총독부는 1920년대 들어 물산공진회가 아니라 박람회를 열게 되는데, 아무리 물산공진회에서 박람회로 행사의 격이 높아졌다 해도 본질적으로 상황이 달라진 것은 아니었다. 식민지 조선의 박람회와 물산공진회는 애당초 내부적으로 모순을 안고 있는 이벤트였다. 조선인을 식민권력이 설계한 규율 속으로 포섭하고자 기획된 이벤트였지만, 그 안에 담긴 내러티브는 제국주의 일본의 초월적 권위를 강화하는 것이었다. 식민권력은 조선인으로서는 범접할 수 없는 초월자라는 이미지가 강조되면 될수록 양자 사이에는 배제의 역학이 작동하기 마련이다. 식민권력은 조선인을 '문명을 모르는 야만인'으로 규정하게 되고, 조선인은 식민권력을 자신의 일상생활에 아무런 도움이 되지 않는 외부자로 인식하게 된다. 포섭과 배제의 팽팽한 긴장 속에서 공진회가 식민권력이 원하는 소기의 목적을 달성하기란 극히 어려운 노릇이었다.

식민권력은 공진회가 지닌 내부 모순을 처음에는 깨닫지 못했다. 웅장하고 화려한 전시장에 조선인을 데려다놓으면 얼마 지나지 않아 그들이 조선총독부의 초월성과 위대함을 깨닫게 될 것이라고 다소 단순하게 생각했던 것 같다. 그러나 조선인의 눈에 공진회는 함량 미달의 기획에 불과했다. 전시장을 찾은 조선인은 처음에는 신중한 관찰자로 행동하다가 이내 냉소 어린 시선을 보였다. 이러한 함량 미달 행사를 위대한 이벤트로 포장하기 위해 일제는 수많은 조선인을 관객으로 강제 동원하고, 그 동원된 조선인이 공진회로 인해 삶 자체가 바뀔 정도로 감명을 받았다는 내용의 '가짜 뉴스'를 만들어 매일 보도했다.

박물관학자인 피어스(Susan M. Pearce)는 박람회 또는 박물관의 전시 행사를 일컬어 과거와 현재의 대화가 이루어지는 장이라고 규정했다. 어느 쪽이 이니셔티브를 가지는지에 상관없이 양자가 함께 스토리를 만들어내는 데 참여하게 된다는 것이다. 일제강점기에 개최된 물산공진회와 박람회는 피어스가 지적한 대로 양자의 시선이 교차하는 곳이 아니라, 어느 일방의 담론만이 성전처럼 다루어지는 공간이었다. 이 점에서 우리는 식민권력이 개최한 물산공진회와 박람회가 식민지적 차별이 자행되는 당시의 시대상을 잘 반영한 이벤트였음을 알 수 있다.

어떤 연구자는 일제강점기의 공진회, 박람회를 두고 일제가 근대화된 문물의 모습을 보여주고자 기획한 행사라고 평가했고, 또 어떤 연구자는 경복궁 일대에서 행사가 펼쳐졌다는 점에 주목해 조선 왕조의 위신을 떨어뜨리고자 조선총독부가 공진회를 개최한 것이 분명하다고 했다. 그러나 경복궁 전각의 일부가 철거됐다는 사실에만 주목하게 되면 이 공진회와 박람회가 지니는 여러 가지 의미를 제대로 파악하기 어렵다. 조선 국왕의 권위를 침해한 불경한 행사였다는 식으로만 박람회, 공진회를 바라볼 때 이 행사를 통해 드러난 일제의 동원 논리와 허구성 짙은 식민 지배 담론을 비판적으로 평가하지 못하게 된다는 뜻이다.

일제 식민 담론은 오늘날 우리 사회를 움직이는 가치관과 어느 정도 맞닿은 부분이 있다. 그렇기 때문에 현대를 살아가는 우리도 한 번쯤은 그 문제를 돌아보고, 이를 바탕으로 우리 사회의 가치관을 성찰해보아야 한다. 경복궁 전각이 철거됐다고 안타까워하는 것도 좋지만, 미래 지향적 자세로 역사를 읽고자 할 때 우리는 일제가 내세운 담론의 문제점을 여러 모로 분석해보지 않을 수 없다. 이 이벤트의 장에서 벌어진 권력과 피지배민 사이의 관계, 전시물에 담긴 내러티브의 성격을 면밀히 살펴볼 필요가 있는 것이다.

　본문에서 짧게 언급하겠지만, 일제는 조선인이 자신들을 '구세주'로 여겨주길 원했다. 그 구세주는 공진회라는 이벤트를 통해 곧 도래할 '낙원'의 모습과 그 낙원에 도달할 수 있는 방법을 제시하려 했다. 이 낙원의 모습은 곧 살펴볼 테지만, 너무나 유치하기 짝이 없었다. 하지만 아무리 유치한 전시(展示) 이벤트라고 해도 그 안에는 누군가의 욕망이 담긴 내러티브가 존재하기 마련이다. 우리가 주목해야 할 것은 바로 그 전시 내러티브가 아닐 수 없다. 일제가 공진회를 통해 나열한 전시 내러티브는 그들이 과연 어떤 방식으로 식민지 조선을 이른바 '문명'의 경지로 이끌어가려 했는지, 어떤 가치관과 청사진을 가지고 조선인을 지배하려 했는지 잘 보여주는 창문이다.

1910년대 지방물산공진회와 식민권력의 자기 이미지 구축 시도

2:

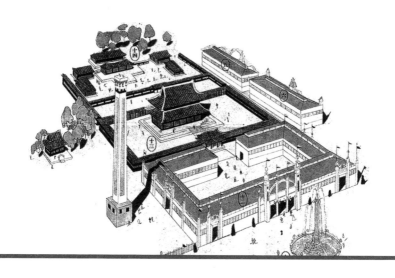

포섭과
배제의
역학

조선총독부는 1915년 9월 11일부터 10월 30일까지 한일 강제병합 5주년을 기념하기 위해 경복궁 일대에서 '시정(始政) 5년 기념 조선물산공진회'를 열었다. 이 행사의 목적은 이름 그대로 일본이 한국을 식민지로 지배하게 된지 5년이 되는 해를 기념하는 데 있었다. 일본은 이 행사를 대대적으로 선전하고 지방에 거주하는 사람까지 동원해 공진회장을 채웠다.

1915년의 이 공진회 행사는 강제병합 이후 여러 지역에서 생산된 물산을 가려 뽑아 전시하고, 심사하여 우열을 평가한 다음 순위를 매기는 식으로 진행됐다. 그런데 조선총독부가 이렇게 여러 지역의 산물을 한곳에 모아 심사하고 순위에 따라 포상하겠다는 생각을 1915년에 접어들어 갑자기 떠올린 것은 아니었다. 시정 5년 기념 조선물산공진회가 열리기 전부터 도 단위로 공진회가 여러 번 열렸고, 군 지역에서

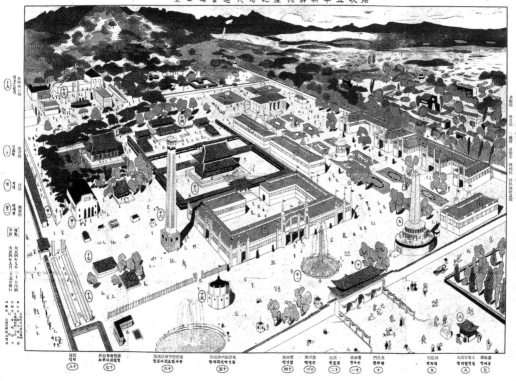

1915년 열린 시정 5년 기념 조선물산공진회 전경 그림.
서울역사박물관 소장

도 산업품평회라는 행사가 자주 개최됐다.

공진회라는 이름이 붙은 행사를 대충 들어보면, 진남포에서 개최된 서선(西鮮)물산공진회, 대구의 경북물산공진회, 평양의 평남·황해·평북연합물산공진회(이상 1913년 개최 시작), 전북물산공진회, 함남물산공진회, 경남물산공진회(1914년 개최 시작) 등 상당히 많은 편이다. 지방의 물산공진회는 단발성 행사가 아니라 주기적으로 열렸기에 각 차수 행사까지 합치면 그 횟수가 더 늘어난다. 그뿐 아니라 산업품평회라는 이름을 단 행사도 무수히 많았다. 공진회가 각 도의 주요 거점 도시에서 열렸다면, 품평회는 주로 군 단위에서 열린 작은 규모의 공진회라 할 수 있다. 품평회나 공진회나 사실 그 내용이 거의 다르지 않기에 1910년대 사람들은 공진회 행사를 그리 낯설게 여기지 않았고, 그것이 박람회를 흉내 낸 것이라는 사실 정도는 다 알고 있었다.

지방의 물산공진회는 일제가 조선인을 문명화 담론의 범주 안으로 포섭하고자 하는 노력, 그리고 아이러니하게 그로 인해 발생한 배제의 역학이 교차하는 공간이었다. 앞에서도 언급했지만 일제는 식민지 조선을 일종의 '야만 지대'로 설정하고, 자국은 문명의 화신으로 그리고자 했다. 이러한 자기 기만적 선전과 이미지화에 지방 물산공진회가 이용된 것이다.

그런데 여기서 반드시 언급하고 넘어가야 할 것이 있다. 일제 침략자들은 자신들이 '야만의 지대'인 조선에 굳이 찾아와 "문명을 전파하기 위한 성스러운 일"을 해야만 하는 이유를 구구절절 설명해야 한다고 느꼈다. "조선인이 원하지도 않았는데 왜 일제가 한반도에 들어와 문명을 전파하겠다고 나서고 있는가?"라는 비판섞인 질문에 어떻게든 답변을 만들지 않을 수 없었던 것이다. 일제는 이러한 이유에서 이른바 '천황의 자애로움'이라는 이미지 또는 논리를 구축하려 했다.

근대 일본에서 '천황'의 존재는 참 독특한 위치를 차지한다. 메이지유신으로 왕정복고 조치가 취해진 직후부터 일본의 정치인 사이에서는 '공의정치(公議政治)'라 하여 일종의 입헌군주제를 실시하자는 논의가 많았다.' 이러한 분위기 속에서 정권의 주도권을 장악한 오쿠보 도시미치(大久保利通), 기도 다카요시(木戶孝允), 이토 히로부미(伊藤博文) 등은 입헌제 도입에 관한 의견서를 제출했다. 그러나 당시 이들이 구상한 입헌제는 어디까지나 군주권을 중심으로 하고, 관료가 그 군주의 뜻을 이어받아 정치를 행하는 체제였다. 정통 입헌군주제라고 말하기 어려웠던 것이다.

물론 유력 정치인 중에는 민권주의적 입장에 좀 더 가까이 서서 의회 중심의 입헌군주제를 주장한 사람도 있었다. 그중 한 명인 오쿠마 시게노부는 1881년 3월 국회 개설과 의원내각제 실시 주장을 담은 의견서를 제출하려다 실각하고 말았다. 그를 반대했던 조슈와 사쓰마 출신의 메이지유신 공신들은 일왕이 만들어 반포하는 헌법, 즉 흠정헌법(欽定憲法)을 제정해놓고 일왕의 권력을 중심으로 국가를 운영하려 했으며, 그런 까닭에 오쿠마 시게노부의 주장에 반대했던 것이다.

흠정헌법 체제하에서는 일왕이 지금의 영국 국왕처럼 상징적 존재로 국한되기가 어려웠다. 헌법을 만들어 공포하는 존재도, 주권을 행사하는 존재도 군주였기 때문이다. 이러한 제도 아래서 의회는 그저 일왕의 주권 행사 행위를 '협찬'하는 기구로 존재할 뿐이었다. 관념적으로나마 일왕이 국가의 중심으로 규정됐고, 일본인은 그를 신성시한다면서 '왕'으로 부르는 대신 '천황'이라고 불렀다. 일본제국헌법을 제정하는 데 앞장선 이토 히로부미는 일본제국헌법 초안을 심의하는 자리에서 "헌법을 제정함에 있어 먼저 일본의 기축(機軸)을 확정하지 않으면 안 된다"라고 말하고, "일본의 헌법과 법률은 반드시 왕명에 의거"해야 한다고 강조했다. 일본의 '기축'은 곧 '천황'이라는 의미였다.[2]

이러한 처지에서 헌법을 기초하고 사회 시스템을 만들어 나가다 보니 일왕의 권위를 거의 신과 동급으로 규정하지 않을 수 없게 됐다. 1889년 발포된 일본제국헌법에는 이러한 분위기가 잘 반영돼 있다. 이 헌법에 따르면 "천황은 국가의 원수로서 통치권을 총람"하는 권한을 가진 존재였다. 그는 또 모든 일본 국민의 본가(本家)이자 관념적 '아버지'의 자리를 차지했다. '천황'이 '아버지'의 위치를 점하게 됨에 따라 일본이라는 국가는 거대한 하나의 가족으로 상정되기에 이르렀다. 국가와 가족이 등치되는 사회에서는 권력자에 대한 불만은 부모에 대한 불효와 동일시되기 마련이다. 국가가 가족이 되는 사회에서는 권력자에 대한 충성이 강조되고, 민주주의는 존재할 수 없다.[3]

다시 말하지만, 일왕이 공포한 칙령과 그의 재가 아래 시행되는 모든 제도와 조치는 일본의 정치가에게 '신성한 것'이 돼야 했다. 일본제국의 지배자는 일왕을 신성한 군주로 포장해댔고, 그의 "자애로운 통치 덕분에 모든 신민(臣民)이 행복한 생활을 누리고 있다"면서 말도 안 되는 선전을 늘어놓기에 급급했다. 일본 정치인은 식민 지배를 정당화하는 데도 일왕의 존재를 이용했다. 실제로 일제는 일왕이 큰 은혜를 베풀어 조선을 지배하게 됐다고 하면서 다음과 같이 선전했다.

조선은 최빈약국이며 그 국민은 세계에서 가장 열등한 국민이 되어 이 세계에 있으나 마나 한 나라가 되어버렸는데, 그에 불구하고 일본의 판도로 받아들여 세계 1등국이 되는 제국 호적에 붙여주신 분이다.[4]

일제가 보기에 조선은 구제 불가능한 열등한 나라이고, "세계에 있으나 마나 한 나라"에 불과했다. 그런데도 메이지 일왕이 세계 1등국이라고 하는 일본의 판도에 붙여서 문명국으로 발전시켜주기로 결단했다는 것이다.

당시 일본이 그린 조선의 이미지가 어떠했는지 조금 더 살펴보자. 일제는 조선인이 오랫동안 악정에 시달린 나머지 세계에서 가장 불쌍한 인민이 돼버렸다고 묘사했다. 일본이 그려낸 조선인의 모습은 다음과 같았다.

조선인이 대한국민이라고 칭해지던 시대에는 궁중과 부중(府中)이 함께 각 열강의 압박을 견디지 못하고, 이리저리 돌아다니며 외교 술책을 부리는 데에 부심하는 등 하루도 편히 지내는 날이 없었다. 또 국토의 개발과 생민(生民) 복리를 추구하지 못하고 궁중은 협잡 요부(妖婦)의 소굴이 되어 복마전이나 마찬가지였다. 부중은 시랑의 소굴이 되어 간신들로 가득 차 있었으며, 13도에 배치된 대소의 관리들은 대부분 가렴주구를 일삼았다. 창생의 휴척(休戚)을 전혀 돌보지 않고 질고(疾苦)를 돌아보지 않을 뿐만 아니라 차라리 그것을 발로 차버림으로써 백성은 절망의 지경에 빠졌다. 나라는 당연히 야만 미개의 풍기로 충만하고, 문명의 빛은 전혀 비쳐지지 않았다. 이에 백성은 숨을 죽이고 하루의 삶을 겨우 이어 나가기만 바라는 데 만족하며 생기 없이 살아야 했다. 이렇듯 조선은 세계에서 가장 불안한 나라였고, 세계에서 가장 불쌍한 인민도 조선인이었다.[5]

일본제국주의 당국자에 따르면 조선인은 500년 동안 '부패하고 무능한 정권'의 압제 밑에서 고통을 겪다가 느닷없이 그 '부패하고 무능한 정부' 밑에서 벗어나 '일왕의 영광스러운 신민이 됐고, 곧 문명국인으로 거듭날 운명을 지닌 존재'로 격상됐다. 일왕이 너무나 잘 조선인을 다스려줄 것이 분명하기 때문에 야만의 영역에서 벗어나 문명의 영역으로 옮겨가는 것은 시간문제라는 것이었다.

이러한 논리의 연장선상에서 조선총독부는 바로 메이지 일왕이 내린 명에 따라 조선인을 지도할 사명을 가지고 있다고 선언했다. "폐하의 적자가 된 조선인을 지도하여 문명인이 되도록 함으로써 황위(皇威)를 우러러보도록 노력"할 의무를 지게 됐다는 것이다.[6]

조선총독부는 메이지 일왕이 조선을 '일본제국의 일원으로 받아들여줄 뿐만 아니라, 그 시정을 개선하여 문명인으로 만들어주겠다'고 약속했다면서, 그가 베푼 일시동인(一視同仁)의 '특혜'를 실현하기 위해 식민 통치를 해야 한다고 했다.[7] 이러한 주장은 다음의 인용문에 잘 나타난다.

조선이 하루아침에 우리 일본제국의 보호하에 들어와 통감 정치를 받게
되면서 시정의 개선 정도가 현저해졌다. 산업의 길이 열리고 나라에 문명
의 서광이 비추었으며 백성의 생기도 되살아났다. 조선이 일본제국의 합
병되어 조선 통치의 주권이 모두 일본 천황에 귀속됨으로써 총독 정치가
베풀어짐에 미쳐서는 조선 팔도에 불안한 기운을 드리웠던 복마전은 파
괴됐고, 조선 1000여 만의 창생을 고통으로 몰아넣던 간신들도 구축됐다.
(……) 지금 우리 일본제국은 매년 1000여 만 원의 거액을 조선에 투자하
여 시정의 개선과 산업의 개발에 노력하고, 정치, 법률, 교육, 위생을 새롭
게 하지 않은 것이 없으며, 산업의 장려 시설, 민리의 증진책도 실행하지
않은 것이 없다.[8]

일제가 '문명화의 사명'을 내세워 그 논리를 지배 이데올로기로 삼
아 식민 지배를 합리화하려 했다는 것은 잘 알려진 사실이다. 그런데
이 '문명화' 이데올로기는 일본제국주의가 만들어낸 독특한 발명품이
아니다. 유럽 열강이 아시아와 아프리카의 여러 나라를 식민지로 만들
고 지배할 때 만들어낸 논리다.
　　유럽의 제국주의자는 자신들의 침략과 식민 지배를 '문명 전파' 행
위이며 그로 인해 야만족을 문명인으로 만드는 것이라고 했는데, 이를
무슨 거룩한 '백인의 짐(white man's burden)'이라도 되는 것처럼 미화
했다. 문명을 전파하기 위해 어쩔 수 없이 미개한 식민지를 지배하게
됐노라고 우겨댄 것이다. 일본도 유럽의 제국주의자가 내세웠던 그 이
데올로기를 똑같이 복사해냈다.

1902년 12월 미국 잡지 《퍼크(Puck)》에 실린 보어전쟁에 관한 그림.
영국을 상징하는 여신 브리타니아가 '문명(Civilization)'이라고 적힌 깃발을 들고 백인을
독려하며 '야만(Barbarism)'이 적힌 깃발을 든 아프리카 원주민을 몰아내고 있다.

이러한 담론의 구도 속에서 식민권력자는 메이지 일왕의 뜻을 얼마나 잘 받들고 있는지 증명하는 일종의 의식을 치르고자 했다. 그것이 바로 물산공진회였다. 물산공진회는 일종의 산업전시회 같은 것인데, '함께 나아간다'는 뜻의 '공진'이라는 명칭이 붙은 것에서 알 수 있듯이 조선인이 모두 '같이 문명인으로 발전하자'는 의미가 담긴 행사였다.

조선총독부는 1913년부터 조선물산공진회를 대대적으로 개최하는 문제를 고려했다. 실제로 1913년 8월 6일 조선총독부는 1915년 9월 11일부터 10월 31일까지 경복궁 일대에서 시정 5년 기념 조선물산공진회를 개최하기로 결정하고, 이를 고시했다. 또 그 개최안의 대강과 예산안을 제31회 일본제국의회에 제출하여 1914년 3월 승인을 얻었다. 이렇게 착착 공진회 개최 준비가 진행되는 가운데, 조선 총독 데라우치 마사타케(寺內正毅)는 이 행사의 취지를 다음과 같이 설명했다.

본회 개최의 취지는 조선 각지의 산물을 수집, 진열하고 또 제반의 시설 상황을 전시하며, 일면으로는 생산물 중 우열 및 생산 사업의 득실을 비교, 연구하여 물산의 개량과 사업의 발달을 촉진하며, 다른 일면으로 신정(新政) 시행 이후 5년간의 실적을 취람(聚覽)하여 이를 기왕의 상황과 대조하는 동시에 장래의 진보를 도모할 자료로 사용하며, 내지인(일본인)을 초대해 조선 전역의 산업이 어느 정도 발전했는지 살펴보도록 하여 이후 조선 개발을 도우고자 함에 있다.[9]

각지의 산물을 수집하여 득실을 비교할 수 있도록 전시장을 꾸며서 문명국으로 발전하는 데 도움이 될 만한 자료로 삼도록 제공하겠다는 것이다.

여기서 알 수 있듯이 공진회란 조선 각지에서 생산된 물품을 한군데 모아놓고 심사하는 행사였다. 어쩌면 조선총독부는 물산공진회라는 행사를 일종의 '중간고사' 정도로 여겼던 것이 아닐까 싶다. 이런 생각이 아주 틀린 것만은 아니다. 조선총독부의 기관지인《매일신보》는 1914년 11월 19일 자 사설에서 "공진회란 학년 시험 및 졸업 시험에서 우등한 학생에게 포상하는 것과 같은 것"이라고 했다. 공진회를 통해 출품자의 '문명' 발전 정도를 심사하고 등수를 매겨 상을 내리겠다는 것이다. 실로 이 행사는 일제 당국자가 자신의 말을 조금 듣는다 싶은 사람을 모아놓고 누가, 얼마나 자신의 지도를 잘 받고 있는지 시험한 다음 상을 내리는 행사에 지나지 않았다.

이 행사를 주관한 당국자는 출품자만이 아니라 조선인이라면 누구나 공진회에 관심을 가지고 한 번쯤 둘러보아야 할 필요가 있다고 말했다. 또 공진회에 참가할 수 있을 정도로 문명 수준을 발전시키도록 노력해야 한다고 힘주어 강조했다. 나아가 "아무리 시험에서 우수한 성적을 거두어 1등의 포상을 받았다손 치더라도 좀 더 상급의 학교에 진학하여 더욱 정진하는 게 상식"인 만큼 공진회에 출품된 산물의 정도를 심사한 다음 누구누구에게 상을 주고 마는 게 아니라고도 했다. 상은 상대로 줄 테지만, 상을 받지 못한 일반인도 앞으로 상을 받을 수 있도록 일제의 지도에 순응하라는 것이었다.

일제는 이와 같이 엄격하게 '문명화'를 가르치는 교사가 되겠다고 선언했다. 또 그 '가르침' 과정에서 엄한 체벌이 동반된다고 하더라도 "문명의 바람을 안고 흑암의 야만 지대와 혼미(昏迷)한 생령들에게 한 줄기 광명을 비쳐주고 문명을 강제""하는 선한 행위로 받아들이라고 요구했다. 이와 같이 일제는 공진회를 통해 조선인을 자신들의 규율 속에 포섭하고자 하는 동시에, 조선인 차별 의식을 노골적으로 드러냈다.

일제는 같은 취지에서 각 도를 돌아다니면서 물산공진회를 열고 군 단위에서는 산업품평회를 열도록 했다. 1913년 대구에서 개최된 경북물산공진회의 경과가 적힌 〈경상북도물산공진회사무보고〉에는 이런 내용이 나온다.

> 선제(先帝) 메이지 천황이 조선의 사태를 깊이 살피시고 메이지 43년 8월에 일한 병합의 대사(大事)를 단행한 후 인정(仁政)을 널리 펴 식산흥업의 발달에 뜻을 두셨다. 금상폐하 역시 선제의 큰 뜻을 이어받아 밤낮으로 새로 편입된 인민의 행복을 걱정하고 있으며, 그 덕분에 조선 산업은 날로 구태의연한 모습을 벗어나고 있다. 그러나 본도(本道)는 오랫동안 낙후해 있었던 탓에 아직 면목을 일신하지 못하고 있으며 그저 유치한 상태에 머물러 있다. (……) 본도 유지들은 시기상조라는 지적을 돌아보지 아니하고 본도 물산을 한군데에 수집해 일반인들에게 관람시키고 물질적 교육을 베풀고자 하는 것이다.

요컨대 1910년대의 공진회는 일제가 '문명화'의 사명으로 분식하고, 그 '문명화'를 조선인이 인식할 수 있도록 기획한 행사였다.

탈맥락화
현상

질 들뢰즈(Gilles Deleuze)와 펠릭스 가타리(Felix Guattari)는 《천 개의 고원》에서 어떤 사물이 특정한 계열을 이루면서 구성된 상태를 '배치'라고 개념화한 다음 배치를 통해 공간이 내부와 외부로 갈라진다고 지적했다. 이때 외부로 구분된 공간은 배척의 대상이 되고 내부로 편입된 공간은 그 구도를 만들어낸 존재와 동일화의 과정을 겪게 된다. 이와 같이 내부와 외부를 구분하는 행위는 권력의 작용 결과이며, 공간에 행사되는 권력은 정체성과 동일성을 수여하는 방식으로 작동한다.

배치 행위가 이루어지는 곳에서는 수학적으로 동질하고 현실의 역학과 무관한 공간이 배제된다. 배치를 통해 새로운 정체성과 동일성이 형성되고, 그 공간 또는 사물의 배열에 권력과 가치가 개입하게 된다. 이러한 시선에서 보면 전시되는 사물은 그저 무작위로 그 공간을 차지하는 것이 아님을 알 수 있다. 전시장의 사물은 기획자가 구상한 내러티브와 개념 속에 하나의 사슬처럼 이야기를 구성하는 요소가 되어 각기 역할을 한다. 공진회 기획자가 사물을 배치하는 것도 이와 같았다. 전시된 물품은 고유한 모양과 기능을 가지고 있으며, 발명 또는 생산되기에 이르는 맥락도 지닌다. 그런데 그 고유의 기능과 맥락은 전시장 안에서 폐기되거나 재구성된다.

예를 들어보자. 옛날부터 겨울이 되면 울릉도에는 눈이 많이 와서 주민이 이동하는 데 불편을 겪었다. 눈이 많이 쌓여 걸을 때마다 발이 빠져서 움직이기가 여간 힘들지 않았던 것이다. 이에 울릉도 주민은 설피를 만들어 신발 바닥에 덧대 사용했다. 설피는 머루나무로 만들었는데, 나무껍질을 벗기고 다듬은 뒤 뜨거운 물에 담가서 천천히 타원형으로 구부린 다음 그 안을 가로세로로 교차해 뼈대를 만든 뒤 새끼줄을 돌려서 감는다. 이것을 신으면 눈밭에서도 좀처럼 빠지지 않고 잘 이동할 수 있다.

설피는 이와 같이 눈이 많이 내리는 겨울에 편리하게 이동하기 위해 만들어진 물건이다. 그런데 최근 설피를 사용하는 사람 수는 점점 줄어들고 있다. 차량으로 이동하는 것이 보편화됐고, 눈이 오면 바로 제설 작업을 해서 눈밭에 빠지는 일이 없기 때문이다. 이러한 변화 과정에서 설피는 이제 향토박물관 같은 곳의 한쪽 면을 장식하는 물건으로 그 역할이 변했다. 울릉도 옛 주민의 지혜와 억척같은 삶을 대변하는 유물로 기능하기 시작한 것이다. 설피가 지금껏 일반 가정의 창고에 처박혀 있었다면 그저 옛 선조가 쓰던 물건 정도로 그쳤겠지만, 향토박물관에 모습을 드러내는 순간 새로운 기능과 맥락을 갖게 된다.

고유한 맥락을 벗어나 새로운 맥락 속에 배치되는 일을 혹자는 '탈맥락화'라고 한다. 공진회 전시장에 배치된 물건은 오래전부터 형성된 고유의 맥락에서 벗어나 식민주의 시각이 투영된 이질적 내러티브의 공간 속에 배치됐다. 곧 살펴보겠지만, 공진회에 출품된 물건은 조선인이 처음 접하는 신기한 것이 아니었다. 너무나 자주 접해 익숙한 물건도 많았고, 헌병 경찰이 사용을 강권하며 들고 다니던 것도 많았다. 이런 인식에 도달하게 되면 일제가 과연 어떤 맥락에서 전시물을 배치했는지를 논하지 않을 수 없다. 이에 대해 간단히 살펴보자.

1913년 11월 5일 개최된 경북물산공진회 전시장은 대구농업학교 교사와 도립잠업강습소에 개설됐다. 이 행사는 은사수산관(恩賜授産館), 농업관, 가금(家禽)관, 잠사관, 수산(水産)관, 공산관, 원예관, 참고관, 경북금융관, 경북실업회관으로 섹션이 나뉘어 있었다. 각 관은 대구농업학교 사무실이나 교실, 작업장에 꾸며졌는데, 각 섹션에 전시된 물품은 다음과 같았다.

- 농·임산품: 쌀, 보리, 콩, 잡곡, 면화, 연초, 대마(大麻), 묘목, 농기구, 가금, 목탄(炭), 농림업 통계표, 농산물 및 임산물 사진
- 잠업품: 생사, 견, 잠업 기구, 잠업 통계표, 잠업 관련 작업 과정을 찍은 사진
- 수산품: 건조 어류, 조개류, 미역 등
- 공산품: 면직물 제품, 종이, 담배, 청주, 소주, 간장, 국수, 기와, 토기, 문구류 등

61

• 원예품: 채소, 분재, 과일 등

공진회에 전시된 물건은 요즘 슈퍼마켓에서 흔히 볼 수 있는 채소, 생선, 술, 담배 등 일상적인 제품이었다. 묘목이나 가금, 농기구 등 전시하기에 다소 품이 들 것 같은 품목도 있었지만, 농림업 관련 통계표와 같이 그저 벽에 걸어두기만 해도 되는 것도 적잖았다.

여러 섹션 중에서 경북도 당국이 가장 심혈을 기울인 것은 은사수산관이었다. 한일 강제병합 직후 일왕이 조선 각 지방에 1739만 8000원 규모의 이른바 임시은사금(臨時恩賜金)을 기부했다고 했는데, 바로 그 돈으로 수행된 사업을 은사수산사업이라고 했다.

임시은사금 명목의 돈으로 시행된 사업으로는 잠업전습소(蠶業傳習所)의 양잠 사업, 관립 수묘포(樹苗圃)의 묘목 증식 사업, 기업전습소(機業傳習所)의 베 짜기 사업 등이 있었다. 각 지방의 당국자는 임시은사금으로 묘목 재배, 베 짜기 등과 관련된 '선진 기술'을 조선인에게 가르친다는 명목하에 수산장이나 권업모범장 같은 것을 운영했는데, 말이 선진 기술이지 가마니나 베를 짜는 데 대단한 기술이 필요한 것은 아니었으니 베, 가마니, 묘목 등을 되도록 많이 생산해 팔아치우는 것 이상의 목적이 있었다고 할 정도는 아니었다. 그러나 일왕이 하사했다는 '은사금'으로 이루어지는 사업인 만큼 공진회 주최자는 이 사업의 성과물을 전시하는 데 각별한 주의를 기울였다. 은사수산관은 바로 이와 같이 임시은사금으로 시행된 사업의 성과물을 전시하는 공간이었다.

신품종 홍보에 나타난 식민권력 담론

경북물산공진회의 은사수산관에는 수산장에서 생산한 잠사, 누에, 종이, 목탄(炭)이 전시돼 있었다. 그 외에도 일본에서 널리 재배하던 벼 품종인 조신력(早神力, 소신리키. 1870년대 일본 구마모토에서 개량돼 차츰 일본 각지로 퍼져 나갔음)도 전시됐다. 조신력이 우량종이니 물산공진회에 와서 구경하는 사람은 그 모양을 잘 봐두었다가 집에 돌아가 심어보라는 것이었다.

조신력은 일제가 권업모범장을 통해 적극 보급하던 벼 품종이었는데, 재래종보다 50퍼센트가량 더 많은 쌀을 생산한다고 했다. 수확량 기준으로 볼 때는 우량종이라고 할 만했던 셈이다. 최근 일부 경제학자 사이에 조신력 수확량이 높았는지의 여부를 두고 논쟁이 일어난 적이 있다. 어떤 연구자는 일제가 재래종과 일본 품종의 볍씨를 뿌린 토지의 비옥도를 통제하지 않고 각 품종의 생산량을 수치화했다고 주장한다. 수확량 통계의 타당도가 높지 않다는 주장이다. 그러나 또 다른 연구자는 일본 품종이 뿌려진 농지가 대개 비옥하지 않은 곳이었다면서 그렇게 비옥도가 떨어지는 곳에서도 새 품종의 수확량이 높았다고 주장한다.[11]

경북도 당국은 이와 같이 지금도 논쟁의 대상이 되고 있는 바로 그 새 품종벼를 공진회를 통해 대대적으로 선전했다. 이 품종을 조선에 널리 퍼뜨려서 조선 농업의 생산력을 높이겠다고 공언한 것이다. 일제는 통감부 시절부터 조신력을 보급하는 데 적극적이었다. 1910년대에도 일제는 조신력 재배를 적극 권장했는데, 1920년대에는 곡량도(穀良

都) 품종도 권장 목록에 포함시켜 보급했다.

이들 신품종 벼는 그 점유율이 차츰 높아지더니 1920년에는 전체 파종 품종의 57.2퍼센트를 차지했고, 1937년에는 논벼의 약 63퍼센트가 이 새 품종으로 파종됐다. 이렇게 신품종의 비중이 높아졌기 때문인지 쌀 수확고는 1910년 이후 해마다 늘었다. 《조선총독부통계연보》에 따르면 1910년 쌀 수확고는 791만 9621석이었는데, 1915년에는 1137만 3962석으로 증가했다. 일제는 이렇게 쌀 생산량이 늘어난 것을 선전하고자 공진회가 열릴 때마다 쌀 수확량 증가 통계 자료를 액자에 넣어 전시장 한가운데 걸어두곤 했다.

그런데 새 품종이 확실히 재래종보다 수확량이 많기는 했다. 조선인 농민이 즐겨 심었던 재래종은 포기당 이삭 수가 적다. 그에 비하면 일본산 우량 품종은 훨씬 이삭 수가 많았다. 이쯤 되면 일제의 지도를 잘 받아들이기만 했다면 정말로 조선의 농업이 문명국 수준으로 발전했을 것이라고 생각할 수도 있겠다. 하지만 그렇게 판단하기에는 문제가 있다. 재래종은 신품종보다 수확량이 적기는 하지만 가뭄에 강한 특성이 있다. 물이 부족한 천수답에서도 비교적 잘 자라고 수리시설이 제대로 갖추어지지 않은 곳에서도 쉽게 말라 죽지 않는다. 그에 비해 조선총독부가 보급한 조신력은 물을 많이 소비했다. 저수지 등 수리시설이 완비되지 않은 지역에서 이 품종을 심으면 물을 제대로 댈 수 없어서 벼농사를 망칠 수 있었다.

또 일제가 권장한 품종은 원래부터 지력을 많이 소비했다. 따라서 매년 안정적으로 쌀을 생산하려면 거름을 많이 주어야 한다. 그래야만 농사를 망치지 않을 수 있는 것이다. 그런데 조선의 농민은 전통적으로 논농사와 밭농사를 같이 짓는 경우가 허다했다. 봄에 가뭄이 자주 들기에 논농사에 모든 힘을 쏟는 농민은 그리 많지 않았다. 기후 때문에 논농사만 하게 되면 가을에 수확할 것이 전혀 없을 수도 있는 것이다.

이런 사정이 있었기 때문에 농민의 대다수는 논농사뿐 아니라 밭농사를 함께 지어야 하는 처지에 놓여 있었다. 논농사에만 주력하다가 가뭄이라도 들면 식량을 구하지 못하는 일이 벌어질 수 있기 때문이다. 그런데 논농사와 밭농사를 함께 지으면 농번기에 눈코 뜰 새 없이 바빠지게 마련이다. 밭과 논을 오가며 일해야 하는 사람으로서는 조신력처럼 지력을 많이 쓰는 품종을 파종하기가 부담스러울 수밖에 없는 것이다.

또 화학비료나 수리시설 같은 것은 그저 말만 한다고 뚝딱 생기는 것이 아니다. 제대로 갖추려면 당연히 돈이 필요하다. 저수지를 만드는 것은 실로 굉장히 품이 많이 드는 일이다. 화학비료도 가난한 농민에게는 상당히 비싼 물건이다. 식민 당국이 파종하라고 강권하는 품종을 택한다고 해서 곧바로 문명인이 된다거나 부자가 된다는 보장이 없는 것이다.

여기서 한 가지 언급하고 지나가지 않을 수 없는 것이 수리시설 문제다. 농업 생산력을 획기적으로 늘리기 위해서는 수리시설을 시급히 개선할 필요가 있었다. 1914년 7월 6일 자와 8월 29일 자《경성일보》에는 이와 관련하여 다음과 같은 내용의 기사가 게재됐다.

조선에서 수전의 총면적은 102만 4356정보 남짓인데, 관개 설비를 가진 수전은 21만 3276정보이다. 그 가운데 보(洑)에 의해 관개를 하는 곳이 16만 6666정보이며, 제언에 의한 것이 4만 6610정보로서 관개의 편리함을 갖춘 수전은 전체 수전 면적의 2할에 지나지 않는다. (《경성일보》, 1914년 7월 6일)

병합 이래 우리 당국은 조선의 쌀에 대하여 혹은 미 품종의 개량 혹은 시비 관개의 방법 등에 대하여 가능한 한 열심히 장려를 했고, 그 결과 쌀의 산액은 현저히 증가했다. (《경성일보》, 1914년 8월 29일)

첫 번째 기사를 보면 일제가 일본 품종을 보급하기 위해 관개시설을 확충할 필요가 있음을 깊이 인식했고, 실제로 관개시설을 정비하기 위해 노력했음을 알 수 있다. 그러나 두 번째 기사는 명백히 왜곡된 내용을 담고 있다. 혹시 이런 기사만 보고 일제 통치의 효율성을 곧이곧대로 받아들이는 사람이 있을까? 내 경험으로는 그런 사람이 의외로 적잖은 것 같다. 그중 상당수는 일제의 선전을 별다른 비판 없이 받아들이고, 제 나름의 섣부른 확신을 바탕으로 오랫동안 이 문제를 살펴온 연구자를 민족주의에 쩌들어 사실을 왜곡하는 사람쯤으로 몰아붙이곤 한다.

새 벼 품종이 물을 많이 먹는 특징을 가진다면 당연히 수리시설을 정비해야 성과를 거둘 수 있다. 그래서인지 1915년부터 조선총독부 토목국은 보와 제방 현황을 조사한 다음 시급히 보수가 필요하다고 판단되는 시설의 경우 지역 주민을 동원해 보수 공사를 실시하게 했다.[12] 이 때 긴급 보수 공사를 시행한 보가 200개 정도 된다고 한다.[13] 조선총독부는 한발 더 나아가 주요 치수 대상이 될 열네 개 하천을 지정하고,[14] 홍수 방지책을 강구한다면서 강수량, 수심 등을 조사했다. 그 조사 자료를 분석한 결과, 일제는 하천 수로에 제방을 쌓아야 홍수도 방지하고 수리시설도 보호할 수 있다는 결론에 도달했다.

제방을 쌓고 보를 정비하는 것 모두 상당한 규모의 비용을 필요로 한다. 돈이 있어야 '선진 농업' 경영이 가능하다는 말이다. 그런데 조선총독부는 흥미롭게도 수리시설 정비에 공공 재정을 투입하기를 극도로 꺼려했다. 일제강점기 당시 일제는 '수익자 부담 원칙'을 조선 통치의 기본 방침으로 고수했다. 산업 개발 사업에 투입되는 돈은 원칙적으로 국비가 아니라 해당 사업의 수혜자인 지역 주민이 부담하라는 식이었다. 수리시설을 정비할 때도 일제는 이 원칙을 그대로 따라 수리조합을 여기저기에 만들고, 그 수리조합이 알아서 돈을 거두어 수리사업을 하라고 했다.

이 수리조합이 사업 구역 내의 농민을 마구잡이로 가입시켜 그들에게 거액의 조합비를 물렸다는 것은 이미 잘 알려진 사실이다. 수리조합은 저수지를 만들거나 하천 제방을 쌓는 등 농업 생산력 증강에 필요한 수리시설, 하천 시설물 공사를 전담한 민간 조합이었다. 그런데 이 민간인으로 구성된 조합이 직접 저수지를 만들거나 할 정도로 토목 기술을 지니고 있을 리 만무하므로 농토 생산력 보호와 증강에 필요한 수리시설이나 하천 제방을 만들기 위해서는 그 공사를 전문 기업체에 발주하지 않을 수 없었다. 이 공사를 맡은 업자를 일제강점기에는 '토목 청부업자'라고 했다.

토목 청부업자는 일종의 도급제 형식으로 공사를 낙찰받은 후 사업 발주자가 제공하는 공사비로 수리조합 공사를 완수하고, 그 공사비 안에서 수익금을 가져가는 방식으로 일처리를 했다. 당연히 많이 남기면 이익이 그만큼 커지기 마련이므로 대다수 토목업자는 수리조합 공사를 낙찰받은 다음 그 공사에 투입돼야 할 자재를 빼돌리거나 인부에게 줄 노임을 갈취하는 등 끊임없이 비리를 저질렀다. 일례로 1918년 총독부 인가를 얻고 공사에 돌입한 부평수리조합의 부정 사건을 들어 보자.

부평수리조합은 경기도 부천과 김포 일대에 걸쳐 관개시설과 유수지를 설치하고, 한강변에 제방을 설치하고자 공사를 발주했다. 그런데 사업 진행 과정에서 여러 제방에 균열이 발생하고 기초공사도 전혀 이루어지지 않았다는 사실이 밝혀져 구설수에 올랐다. 부평수리조합 부실 공사 정황과 그 책임 소재에 대하여 잡지 《조선급만주(朝鮮及滿洲)》는 이렇게 설명했다.

부평수리조합 조합원들은 동 수리조합의 마쓰야마(松山) 씨에게 불완전한 개소의 보수를 요구했다. 마쓰야마 쓰네지로(松山常次郎)는 공사 당시의 조합장이다. (……) 이 공사를 맡은 사람들은 대개 황해사(黃海社)의 사원이다. 황해사 사장은 바로 마쓰야마 조합장 본인인데, 이 회사의 실제 사업은 지배인인 와타나베 사다이치로(渡邊定一郎)다. 마쓰야마는 사실

와타나베의 괴뢰에 불과하다는 것을 황해사의 내부 사정을 아는 사람은 누구나 알고 있다.[15]

다시 말하면 마쓰야마 쓰네지로라는 작자가 앞장서서 부평수리조합을 만든 다음, 그 조합장에 직접 취임했다는 것이다. 그는 조합장이 되자마자 몇 건의 수리 공사를 발주했는데, 흥미롭게도 자기가 경영하던 토목 청부 회사가 해당 공사를 모두 따냈다. 자기가 조합을 만들어 공사를 발주한 다음 자기가 그 공사를 따낸 것이다. 지금이라면 이런 식의 괴상한 입찰은 상상도 하기 힘들다. 그러나 일제강점기에는 이렇게 말도 안 되는 일이 비일비재하게 일어났다.

낙찰 과정뿐 아니라 공사 시행 과정에서도 문제가 많았다. 공사를 따낸 마쓰야마는 수리조합의 관개시설 공사를 한다면서 뒤로는 자재를 빼돌리고 기초공사조차 제대로 하지 않았다. 그렇게 부실 공사가 되다 보니 수리시설을 만들어놓아도 장마철만 되면 저수지 수문이나 한강 제방에서 꼭 문제가 생겼다. 비가 조금만 많이 와도 제방과 수문이 결궤되거나 고장이 났다. 부평수리조합원은 공사가 부실하게 이루어졌다는 사실을 확인하고 보상을 요구했다. 그러나 마쓰야마는 코웃음만 쳤다. 그는 한술 더 떠서 해당 개소에 보강 공사를 해야 한다며 조합원에게서 별도의 비용을 받아냈고, 그 공사도 자기가 따냈다. 물론 이 역시 부실 공사였다.

이 조합에서 벌어진 부실 공사 문제가 무척 심각했던지 일본인 사이에서도 화제가 됐다. 그러나 이런 어이없는 일이 부평에서만 발생한 것은 아니다. 1920년대 산미 증식 계획에 따라 수리조합은 엄청나게 많이 늘어났는데, 그 수리조합의 대다수에서 이런 일이 벌어졌다. 조선인으로서는 참으로 황당한 일이었다. 대다수 조선인은 조선총독부가 일본의 새 벼 품종을 쓰라고 관 조직을 동원해 권장했기에 한번 믿어보는 셈치고 심기는 했는데, 정작 그 볍씨를 심고 보니 물이 많이 필요했고, 그 물을 대려다 보니 수리조합비나 추가 공사비를 부담해야 하는 현실에 맞닥뜨리게 됐다.

혹자는 "그럼 수리시설을 아예 만들지 말라는 말이냐, 옛날 방식을 고식적으로 반복하며 사는 게 맞는다는 것이냐" 하며 따지기도 하지만, 한 사회가 제대로 발전하기 위해서는 입으로만 "문명! 문명!"을 외쳐서는 안 된다는 뜻임을 알아야 한다. 한 사회가 경제적, 문화적으로 발전하기 위해서는 공공 재정의 투명한 지원 시스템, 시민의 자발적 참여, 부정부패 없는 공정한 경쟁 체제 등이 완비돼야 한다. 부정부패를 조장하는 비민주적 권력, 문명과 발전이라는 가치가 정치적 지배 담론으로만 존재하는 사회는 불확실한 미래로 가득 찬 사회일 뿐이다. 그 사례를 일제하 수리조합 부정 사건을 통해 살짝 들여다볼 수 있다.

일제강점기에는 부정부패를 저지르고도 권력 가까이 있으면서 당당히 가슴을 펴고 지내는 자가 적잖았다. 토목 청부업자도 그런 부류였다. 정상 국가라면 비리를 저지른 자들을 법에 따라 엄벌에 처해야하지만, 일제강점기에는 그것이 쉽지 않았다. 그들이 총독부나 도청 관리와 유착돼 있었기 때문이다. 당시 총독부나 도청 관리는 야구부를 만들어 취미 생활을 하는 경우가 많았는데, 청부업자들은 이 야구부에 거액의 기부금을 내는 방식으로 자주 뇌물을 가져다 바쳤다.[16] 양자 사이에 얼마나 심각한 유착 관계가 있었는지 알 만한 사람은 다 알았다. 신문 기자는 이러한 유착 관계를 '식민지적 횡재'라고 맹비난하기도 했지만, 워낙 조선인에게는 정치적 권리가 없었기에 그 적폐를 청산하기가 어려웠다.[17] 토목 청부업자의 돈에 넘어간 관리가 이렇게 편의를 봐주는데도 아무도 이 문제를 개혁할 수 없었던 것이다.

상황이 이러했는데, 새 품종을 공급한다고 조선 사회가 곧바로 문명화됐다고 말할 수 있겠는가. 농업 생산량은 늘어났을지 모르지만, 그 농업 생산량의 증가 이면에 얼마나 많은 돈이 낭비됐고, 또 얼마나 많은 비리가 자행됐는지 이제는 돌아볼 때가 됐다.

'임업의 문명화' 담론과 묘목 전시

전시관에 진열된 묘목도 같은 문제점을 갖고 있었다. 경상북도물산공진회 은사수산관 밖에는 경상북도 각 지역의 묘포에서 길러낸 나무가 전시돼 있었다. 이 나무를 구입해 임야에 심으면 숲이 울창해질 것이라는 설명과 함께 말이다. 일제강점기에는 산림녹화 정책이 상당히 강력하게 추진됐다. 사실 당시 조선의 산림은 황폐화 정도가 심각했다.

1932년 잡지 《삼천리》에 발표된 김동인의 단편소설 〈붉은 산〉에는 나무가 없어 헐벗은 산이 식민지 조선을 연상하게 하는 상징인 것처럼 그려져 있다. 이 소설에서 '여'라는 화자(話者)는 만주를 여행하다가 우연히 머무르게 된 미지의 장소에서 '삵'이라는 조선인을 만난다. 삵은 같은 조선인인 송 첨지가 중국인 지주 집에 갔다가 폭행당해 사망했다는 소식을 듣고 복수하러 가는데, 오히려 그 역시 폭행을 당해 죽고 만다. 삶은 숨을 거두는 순간 고향의 붉은 산이 보고 싶다고 말한다. 붉은 산은 만주 벌판에는 없는, 고향의 황토산을 의미한다. 민족주의적 감성을 불러일으키는 소설에서 식민지 조선의 산이 붉은색으로 그려졌다는 사실은 흥미롭다.

그렇다면 과연 당시 조선의 나무 총량이 소설이 그린 것과 같이 낮았을지 궁금하지 않을 수 없다. 현재 남한 지역의 산림이 품은 나무의 총량은 약 800만 세제곱미터이며, 이것을 헥타르당 평균 나무 총량으로 환산하면 146세제곱미터에 달한다.[18] 이 같은 규모의 평균 나무 총량 수준은 OECD 국가 평균인 131세제곱미터를 뛰어넘는 것으로, 미국보다 높은 수준이다. 그런데 일제강점기에는 상황이 많이 달랐다. 《조선총독부통계연보》에 따르면 1920년대 중반 산림 정보당 나무 총량은 16.7세제곱미터로, 지금의 거의 10분의 1 수준에 불과했다. 그나마 이것도 1930년대 중반에는 9세제곱미터 대로 떨어진다.[19]

일제 식민주의자는 조선의 후진성을 말할 때마다 언제나 산림 황폐화 현상을 입버릇처럼 논했다. 일제 당국자는 조선총독부의 기관지와 다름없던 《매일신보》나 일본인이 발행하던 잡지에 글을 투고해 산림 문제를 즐겨 거론했다. 그들은 산림이 이렇게 황폐해진 것이 모두 산림의 중요성에 무지한 조선인 때문이라거나 조선 왕조가 산림 정책을 제대로 시행하지 못했기 때문이라며 비판했다.

전근대 시기 조선 왕조는 '산림천택(山林川澤) 여민공지(與民共之)', 그러니까 산과 바다, 강과 같은 곳은 사유를 금하고 거기서 생산되는

경북물산공진회장에 전시된 묘목.
〈경상북도물산공진회사무보고〉, 1914

산물은 누구나 이용할 수 있게 하는 것이 선정(善政)의 기본이라고 보았다. 그래서인지 누구나 산에 들어가 나무를 벨 수 있었다. 물론 금산(禁山)이나 봉산(封山)이라고 해서 국가가 특별히 관리하는 산에서는 벌목하는 자를 엄벌했다. 그러나 어찌 됐건 힘 있는 자가 산을 독점해서는 안 된다는 생각이 깔려 있었기 때문에 가난한 사람이 산에 들어가 밭을 일구거나 나무를 해도 크게 문제시하지 않았다. 그러다 보니 산림 관리가 제대로 되지 못했다.

조선 후기에 화전 개간이 확대된 것도 큰 문제였다. 화전은 한 해 동안 씨를 뿌리고 추수한 후 다른 곳으로 옮겨가는 방식의 경작법인데, 산에 화전이 생기면 숲이 저절로 사라지게 마련이다. 조선은 화전에 세금을 부과하지 않았기 때문에 먹고살 길이 없다는 이유로, 그리고 내야 할 세금이 너무 부담스럽다는 이유로 사람들은 자꾸만 산으로 몰려들었다. 1678년(조선 숙종 4) 서북 지역의 암행어사가 되어 평안도 지역을 돌아보았다는 이한명은 "관서 연로에 접한 산 중에서 화전이 없는 산은 하나도 없다"라며, 그 때문에 나무도 사라졌다고 탄식했다.

조선총독부의 산림 당국자는 조선인이 너무 무식해서 산의 중요성을 전혀 깨닫지 못했던 것이라며 조선인을 나무랐다. 또 이제 일본이 문명화의 사명을 부여받은 만큼 이 문제를 자기들이 나서서 해결해주겠다고 했다. 이런 호언장담 속에 일제 당국자는 물산공진회가 열리는 곳마다 전시장 한쪽에 묘목을 가져다두고 조선인으로 하여금 돌아보게 했던 것이다.

그런데 산림 자원이 고갈되는 현상은 식민지 조선만의 문제가 아니었다. 서유럽에서도 16세기 이후 산림이 급속하게 황폐해져서 사회적으로 큰 논란이 일었다. 유럽에서는 근대 산업화를 거치면서 땔감과 목재 수요가 급격히 늘어났다. 그에 따라 숲의 임상(林相)이 악화된 것이다. 영국, 프랑스, 독일은 이미 16세기부터 무분별한 목재 사용으로 산림이 황폐해져 일부 지역에서는 땔감을 구할 수 없을 정도로 산림 자원이 고갈됐다. 이에 독일의 임업 종사자는 '지속 가능한 생산'이라는 개념을 정립하고, 식목량과 벌목량의 균형을 잡아가는 시스템을 구축하려 노력했으며 19세기에 접어들어 겨우 양자의 균형을 잡기 시작했다.[20]

일본도 임업 문제의 심각성을 깨닫고 그에 적극 대처한 것이 그리 오래된 일이 아니다. 일본은 임상 악화를 막고 용재림(用材林)을 조성하기 위해 1875년 산림 규칙을 제정했다. 이를 통해 사사로운 벌채를 금하고 사유림 소유자라 하더라도 관의 허가를 받아야만 벌목을 할 수 있게 했다.[21] 이렇게 강력한 벌목 금지 조치를 취했지만 한동안 일본의 산림 축적은 개선되지 않았다.

이와 같은 전후 사정에 비추어볼 때 일제가 스스로를 근대 임업의 전파자로 선언하고, 공진회를 통해 그와 같은 이미지를 강화하려 한 것은 어색해 보인다. 1910년대부터 조선총독부는 한 해에 2억~3억 그루가 넘는 묘목을 배부하고, 산에 심게 하는 정책을 시행했다. 그런데 그 묘목은 무료로 배포되는 것이 아니었다. 조선인 산주(山主)는 당국이 권하는 묘목을 구매해야 했다.

상황이 이러하니 묘목 공급자는 큰 이익을 볼 수 있었다. 조선총독부의 임업 정책으로 묘목 판로가 확고하게 확대될 수 있었던 것이다. 그런데 그 묘목 공급업자의 대다수는 일본인이었고, 그들과 관료 사이에는 유착 관계가 형성돼 있었다. 따라서 조선총독부가 '근대 임업'을 표방하고 묘목 구매를 강요할수록 업자의 수입은 늘어났고, 관료도 유형무형의 반대급부를 획득할 수 있었다.

하지만 식민권력이 강매한 묘목의 대다수는 한반도 토양에 제대로 활착하지 못했다. 일제강점기 당시 식목된 나무의 활착률은 30퍼센트 내외에 지나지 않았다.[22] 이렇게 묘목이 제대로 뿌리를 내리지 못하고 죽어버린 데는 여러 가지 이유가 있지만, 특히 일본인 묘목업자가 그저 눈앞의 이익만 좇았기 때문이다. 묘목이 불량품이건 아니건 간에 무조건 재고품을 밀어내겠다는 분위기가 널리 퍼졌다. 어떤 업자는 삼나무처럼 우리 토질에 맞지도 않는 묘목을 일본에서 들여와 팔아치웠다.

관리와 업자 간 부정부패의 고리는 이처럼 조선에 엄청난 민폐를 끼쳤다. 그 비리가 얼마나 심각했는지 일본인 임업 전문가도 묘포업자 때문에 산림녹화가 되지 않는 것이라면서 비판의 목소리를 높일 정도였다.[23] 식민권력이 제시한 정책 목표와 그 성취를 위해 취한 방법이 서로 합치되지도 않고, 효율적으로 연계되지도 않았다는 사실을 알 수 있다. 조림 정책이 성공하기 위해서는 지형이나 기후에 적합한 묘목을 생산해야 하고, 식목 후 관리도 꾸준히 계속해야 한다. 다시 말해 묘목이라 하더라도 식재될 자연 환경에 적합하지 않은 것이라면 조림에 도움이 되지 않는다. 당국이 아무리 조림을 중시한다 해도 적절한 연구를 거쳐 적합한 수종을 선정하지 않으면 효과를 거두기 어렵다. 그렇기 때문에 공진회 전시장에 모종의 묘목을 전시했다는 이유 하나로 이를 전시한 자가 근대 임업을 잘 안다고 여기기는 어렵다. 요컨대 전시장에 배치된 묘목은 조림에 적절한 수종이기 때문에 그 자리에 있는 것이 아니라, 조선총독부가 '문명적 임업'으로 인도해줄 수 있는 능력자라는 이미지를 만드는 데 도움이 되기 때문에 그 자리에 배치된 것이다. 이렇게 평범한 묘목을 특정한 의도에서 전시물로 이용하는 행위를 일종의 '탈맥락화'라고 할 수 있다.

식민지 조선의 '문명적 미래'에 대한 기만적 약속

최근 어떤 연구자는 일제가 물산공진회를 통해 "식민 통치의 성과를 선전하고 산업을 진흥할 목적"을 달성하고자 했다고 평가한다.[24] 조선총독부의 이른바 '신정(新政)' 이래 거두어들인 '진보'의 성과를 입증하고 선전하기 위한 행사였다는 것이다.[25] 그러나 조선총독부가 들어선 지 5년 만에 조선 사회가 진보했다고 할 정도로 성과를 거두었다고 할 수 있을지는 의문이다.

공진회는 진보의 성적을 널리 알리기 위해 열린 것이라기보다, 앞으로 조선총독부가 이러저러하게 지도할 테니 잘 따라오기만 하면 광명과 행복의 세상이 열릴 것이라는 내러티브가 담긴 '미래를 약속하는 장'이었다. 조선총독부와 그 산하 기관이 조선의 미래를 보장할 것이며, 심지어 과거의 전통까지도 전유할 '전능자'라는 점을 드러내는 '복음 선포'의 무대인 것이다. 다시 말하건대 물산공진회는 박람회나 박물관과 같이 일종의 전시(展示) 권력을 시연하는 장이다. 모름지기 전시라는 것은 기획자가 의도하든 의도하지 않든지 간에 그 나름의 서사 구조를 갖고 있다. 기획자가 선택한 오브제를 분류하고 전시, 배열하는 과정에 정교한 내러티브가 펼쳐지는 것이다.[26] 오브제란 일상품이나 자연물 같은 것 가운데 본래의 용도나 공간에서 떼어내어진 다음 특정 장소에 배열된 사물로, 기획자에 의해 본래의 쓰임이나 의미와 관련 없이 새로운 의미가 부여된 것을 의미한다.

경북물산공진회에 전시된 묘목은 원래 있어야 할 곳에 있었다면 그저 평범한 나무였을 것이다. 조신력도 일본의 풍토에 적응한 평범한 벼 품종의 하나일 뿐이었다. 이것이 지방물산공진회 은사수산관에 배치됨으로써 평범한 나무와 볍씨라는 원래의 의미는 탈각되고, 일왕이 은혜를 베풀어 시행하게 된 임시 수산 사업의 결과물이 된다. 그리고 이 묘목과 볍씨를 구입해 심기만 하면 금방이라도 산업이 개발될 것만 같은 기운이 공진회 전시장 전체를 휘감고 있다. 바로 이러한 분위기가 식민권력자가 바라는 것이었다.

사실 조신력이라는 자그마한 볍씨 안에 식민지 조선을 뒤집어엎을 정도로 강한 힘 같은 것이 숨겨져 있을 리 없다. 이 품종이 제대로 된 효과를 나타내기 위해서는 기후나 토양이 그에 걸맞게 바뀌어야 한다. 그러나 그게 그렇게 쉽게 이루어지지는 않는다. 조신력은 물을 많이 소비하는 품종인데, 조선은 일본에 비해 강수량이 많지 않다.

조선총독부가 아무리 무소불위의 권력을 휘두른다고 해도 기후까지 바꿀 능력은 없다. 그러니 저수지 같은 인프라를 대폭 확충할 수밖

78

에 없는데, 그게 무척이나 큰 사업인 것이다. 이런 사업은 장기간 주도 면밀한 투자와 연구 그리고 전 국민적 참여가 있어도 성과를 내기 어렵다. 조선인의 정치적, 사회적 참여가 차단돼 있었던 시기에 이 같은 큰 사업을 제대로 실행하기란 그리 쉽지 않은 일이다.

사실 식민권력자에게 중요한 것은 그 사업을 제대로 수행하는 것이 아니라, '문명의 전파자'라는 자기 이미지를 강화하는 것이었다. 그러나 조선총독부가 아무리 그런 이미지를 구축하려 시도하더라도 내실 있는 추진 방안을 세우지 않는다면 얼마 지나지 않아 무능함이 드러날 수밖에 없다. 식민지 조선이 머지않은 미래에 문명국의 반열에 오를 것이라고 선전하는 행위와 실제로 조선인의 복리를 위해 효과적인 정책을 수립하는 것은 서로 별개이기 때문이다.

관람객
동원

공진회는 박람회와는 그 규모부터가 다른 행사였다. 박람회는 실로 기술 진보에 크나큰 자극제가 됐다. 증기기관차, 비행선, 방적기 등 18~19세기의 대표적 발명품은 박람회를 통해 대중에게 그 모습을 드러냈다. 박람회에서 사람들은 새로운 발명품의 진가를 확인했고, 당연히 그 발명품을 소비하고자 하는 욕망도 폭발적으로 늘어나게 됐다.

우리가 잘 아는 근대의 놀랄 만한 발명품은 거의 모두 박람회에서 세계인에게 선을 보였고, 그 박람회를 통해 수요자를 확보할 수 있었다. 1851년 수정궁대박람회 때는 시속 140킬로미터까지 속도를 낼 수 있는 첨단 증기기관차가 등장했고, 1878년 파리만국박람회에는 발명왕 에디슨이 백열전구를 출품했다. 1900년 파리만국박람회에서는 세계 최초로 전기자동차가 전시됐을 정도였다.

국제박람회는 전 세계인이 사용하는 상품을 분류하고 그 등급을 평가하는 방식으로 국제 기준을 높이는 역할을 했다. 1851년 런던수 정궁대박람회의 주최 측은 전시물을 원료품, 기계류, 섬유, 금속·도자기, 일상생활품, 예술품으로 나누어 전시했고,[27] 영국산 제품은 따로 구분해 원자재, 기계, 공장제 수공업품의 세 전시장에 나누어 전시했다. 1867년 파리만국박람회 때도 전시품을 일정한 분류 기준에 따라 나누었는데, 그 범주에 들어간다는 것은 상품으로 인정받았음을 의미했다.

국제박람회가 횟수를 거듭할수록 범주별로 출품된 물품의 품질과 가치, 가격 등을 따져서 포상하는 관행이 정착됐는데, 이는 더 나은 상품, 발명품에 대한 소비자의 안목을 향상시키는 효과를 가져왔다. 이처럼 박람회는 규모가 컸고, 출품된 전시물도 당대 최고, 최신을 자랑했으며, 소비자로 하여금 신뢰를 갖고 그 상품을 사용할 수 있게 하는 역할을 했다. 국제박람회는 전시물의 수준도 화려했고, 그 권위도 매우 높았던 것이다.

그러나 열강이 개최하던 국제박람회에 비해 식민지 조선인이 목격한 지방물산공진회는 전시물의 수준과 규모가 너무 초라했다. 일제 당국은 언젠가 조선에서 박람회를 열기 위해서는 차근차근 실력을 길러야 하며, 조선에서 생산되는 물품을 심사해서 그 발전을 조장해야 한다고 주장했다. 이러한 분위기 속에 일제는 지방에서 공진회가 열릴 때마다 심사위원을 파견해 전시품의 순위를 매기고 포상했다. 실제로 '공진회'라는 이름이 붙은 행사에서는 이처럼 출품된 물품을 심사하는 과정이 꼭 있기 마련이었다.

심사 절차가 있다면, 심사자도 분명 있어야 하고 그 심사자가 '엄

정히' 심사할 물품도 있어야 한다. 또 심사자의 날카로운 시선을 의식하며 심사 결과를 애타게 기다리는 참가자도 있어야 한다. 그래야 이 행사가 하나의 완결된 무대로 꾸며질 수 있다. 식민 당국은 이 같은 그림을 만들어내기 위해 각 군에서 개최한 산업품평회의 수상작을 의무적으로 공진회에 출품하도록 했다.

품평회는 군 단위에서 열린 일종의 '작은 공진회'이자 지방물산공진회의 '예선 대회' 같은 행사였다. 그 지역의 농산물과 수공업품, 축우 등을 한군데에 모아 우량하다 싶은 물건을 가려낸 다음 그것을 출품한 자에게 포상하는 것이 품평회였다. 품평회에 농산물이 주로 출품되면 농산품평회라고 했고, 농산물 외에 수공업품이 출품되면 산업품평회라고 했다.

군 단위 품평회를 통과한 물품은 지방물산공진회 출품 자격을 얻었다.[28] 군 품평회에 출품된 산물은 대부분 그 지방에서 막 수확한 쌀이나 면화 그리고 소박한 가내수공업품 같은 것이었다. 그런데 출품한 사람은 과연 누구일까? 조선인이 자발적으로 출품한 것일까?

《매일신보》1912년 8월 13일 자 기사에는 '경기도청이 가을 정례 농산품평회 개최 직전에 도 산업 기수를 각 군에 파견하여 출품을 독려했다'는 내용이 나온다. 품평회 개최를 도청이 각 군에 공고하고, 도청과 군청 직원이 해당 지역을 돌아다니면서 힘을 합쳐 출품을 독려했다는 것이다.

품평회에 농산물이나 수공업품을 출품한 사람은 대개 일본인 농장에서 소작인으로 일하던 평범한 농민이거나 군청 직원과 친하게 지

지방물산공진회 시상식.
〈경상북도물산공진회사무보고〉, 1914

내는 이른바 '중견 인물', '지역 유지'였다. 따지고 보면 한 해 농사를 열심히 지어서 먹고살기도 바쁜 사람이 품평회 출전을 목표로 일했을 리가 없다. 품평회에서 1등을 한다고 해도 기껏 상패 하나 받는 것에 불과한데, 도대체 누가 품평회에 출전하겠다고 1년 내내 열정을 불태우겠는가? 그저 일본인 지주가 신품종으로 농사를 지으라고 해서 그에 따랐을 뿐인데, 어느 날 군청 관리와 도 산업 기수가 함께 찾아와 "너는 이번에 조신력이라는 신품종으로 농사를 지었다고 하니, 수확량이 얼마나 풍성한지 다른 사람에게 광고도 할 겸 그 벼를 품평회나 공진회에 출품하도록 해라"라는 식으로 강권하고 다녔다는 것이다.

　품평회에서 입상한 사람은 지방물산공진회에도 출품해야 했다. 그 공진회에서도 품평회와 같은 방식으로 어느 벼가 이삭이 많이 달렸는지, 어느 묘목이 튼튼하게 잘 자랐는지 엄격하게 심사한 후 상패를 수여했다. 흥미로운 점은 지방공진회 심사자가 그렇게 많지 않았고, 같은 인물이 여러 지방공진회에 심사자 자격으로 연이어 나타났다는 사실이다. 지방공진회에 단골 심사자로 나섰던 조선총독부 권업모범장 도요나가 마리(豊永眞里)는 자신이 경북물산공진회 심사위원으로 활동한 직후에 며칠 지나지 않았는데 진남포물산공진회, 전북물산공진회에도 심사자 자격으로 다녀왔다면서 이들 각 지방공진회에 출품된 물품의 종류와 전시 방법이 거의 대부분 동일했다고 말했다.[29]

　앞에서 경북물산공진회의 전시관에 대해 간단히 소개했는데, 여기서 잠깐 좀 더 살펴보자. 사실 당시 개최됐던 물산공진회는 그 전시 방식이 거의 비슷해서 한 곳의 공진회만 둘러보면 다른 지방공진회 전시관이 어떤 콘텐츠로 채워졌을지 대충 짐작할 수 있다.

경북물산공진회 1호관은 은사수산관이고, 은사수산관을 관람하고 나오면 농산관, 원예관, 가금관, 가축관, 잠사관, 수산관, 공산관이 연이어 나타났다. 이들 전시관은 목재로 만든 허름한 가건물로, 사람들이 줄지어 지나가면서 바라볼 수 있게 직사각형 모양으로 길게 배치돼 있었다.

농산관에는 벼, 보리, 대두, 육지면(陸地綿) 등 농민이 출품한 농산물이 전시됐고, 경상북도 영일군에 있는 오쓰카(大塚) 농장의 소작인이 농사짓는 모습을 나타낸 조그마한 인형도 있었다. 일본인 농장에서 하는 대로 농사를 지으면 이렇게 훌륭한 벼, 보리 등을 얻을 수 있다고 선전하는 것이나 다름없었다. 과수를 전시한 원예관도 비슷했다. 과일, 채소 등을 죽 늘어놓은 다음 대구에 산다는 어느 일본인이 기르는 사과나무 하나를 전시해놓았다.

가금관이나 가축관에는 돼지, 닭, 소 등이 있었다. 가축은 권업모범장 대구지장에서 출품한 것으로, 한눈에 보기에도 덩치가 대단히 컸다. 이 역시 "권업모범장에서 하는 것처럼 소를 기르면 이렇게 소의 덩치가 커지니 너희 조선인은 우리 일본인을 본받아라" 하고 말하는 것 같았다.

농산관, 가축관 등을 다 보고 나오면 출구 동선에 경북실업회관이 나타났다. 이 전시관에는 재래종과 신품종의 벼 수확량을 비교한 표, 재래 양잠과 신양잠 비교 표 같은 것이 벽에 걸려 있었고, 권업모범장 같은 데서 생산한 묘목이 얼마나 많이 식목됐는지 표시한 표도 걸려 있었다. 이 전시관 옆에는 경상북도 내에서 영업 중인 금융조합이 조선인 농민에게 대출해준 돈이 얼마나 많은지 표시한 도표와 금융조합 배치도 등이 걸려 있는 경북금융관이 있었다.

이렇게 경상북도청 당국이 산업 진흥 정책을 펼친 결과 거두어들인 성과물을 한눈에 일람하고 그 성과에 '감탄'을 연발하면서 전시관을 나오면 마지막 동선은 참고관으로 이어졌다. 이제 그만 돌아가고 싶어도 참고관의 전시물을 어쩔 수 없이 보게끔 동선이 꾸며져 있었던 것이다. 참고관에는 조선총독부 농상공부가 만든 산업 발전 상황 표와 경성에 본사를 둔 대기업의 영업 모습을 찍은 사진이 걸려 있었다.

농산관, 원예관, 가금관, 가축관 등에 전시된 물품은 거의 모두 군품평회를 거쳐 올라온 것이었고, 일본인 심사위원은 바로 이 전시물을 심사해서 등수를 매겼다. 공진회가 종료될 즈음에는 이렇게 해서 높은 등수를 차지한 사람을 모아 포상하는 의식을 따로 거행했다. 다음은 제1회 경북물산공진회 당시 거행된 시상식 모습이다.

대정 2년(1913) 11월 15일 오전 10시에 회장 내 식장에서 우수한 물품을 출품한 자들에게 포상수여식을 거행했다. 직원 일동과 출품인들이 함께 제일 앞쪽에 자리 잡고 그다음 줄에 내빈들이 착석했다. 이어서 본도 장관과 함께 조선 총독 대리 야마가타 정무총감이 임장(臨場)하고 나카무라 농무과장과 이케다 체신국장관도 자리를 함께했다. 일동이 착석한 후 〈기미가요〉를 제창하고 (……) 정무총감이 식사(式辭)를 낭독한 다음 출품계장이 1등부터 4등까지 차례로 수상자를 호명하고 정무총감이 상장을 수여했다. 수상이 끝나자 수상자 총대(總代, 대표) 오쓰카 쇼지로(大塚昇次郎)가 답사를 했고, 주악이 울려 퍼지는 중에 모든 식이 무사히 종료됐다.[30]

앞의 인용문을 보면 공진회가 종료되는 시점에 주최 측은 각 분야의 1등부터 4등까지 상장을 나누어주었다. 시상자는 조선총독부의 2인자라는 정무총감이었다.

한편 시상 절차가 끝난 후에는 수상자 대표가 감사의 뜻을 담은 답사를 했는데, 그 대표가 오쓰카 쇼지로라는 자였다. 그는 영일군 형산강 하천 일대의 미간지를 대부받아 농장을 연 일본인으로, 경상북도 최초로 수리조합을 만들기도 했던 이 지역 최고의 일본인 대지주다.[31] 이런 인물 밑에서 농사를 짓던 소작인이 대거 경북물산공진회에 출품을 한 것으로 짐작된다.

그러면 이 공진회에 동원된 청중은 누구였을까? 제1회 경북물산공진회를 관람한 사람은 연인원 13만 3000여 명에 이를 정도로 많았다. 관람객의 대다수는 경상북도 내 학교에 재학하는 학생, 군인, 기타 관변 단체 소속 직원과 경상남도 등 인근 지역에서 모집해 보낸 학생과 농민이었다. 경북물산공진회뿐만 아니라 다른 지역의 공진회도 대개 그런 식이었다. 학생이 관람객 역할을 맡아주지 않으면 행사 자체가 의미 없을 정도였던 셈이다.

학생 외에도 각 군에서 별도로 모아 파견한 관람단이 있었는데, 이들이 공진회장에 나타나기라도 하면 공진회 개최 도시의 여관업자, 상인은 모두 매출이 늘어날 것이라는 기대에 부풀었다. 관람단이 같은 도내에서 왔다고는 하지만, 당시에는 교통이 지금과 같지 않았기 때문에 며칠이고 숙박할 수밖에 없었다. 1913년 11월 평양에서 개최된 서선물산공진회의 관람객 현황을 보도한《매일신보》기사를 보면, 공진회 관람객이 '공립보통학교 생도와 사립학교 학생뿐'이어서 공진회장 주변 상인의 불만이 컸다고 한다.[32] 그러니 상인으로서는 이 별도의 관람단이 반갑지 않을 수 없었다.

출품작 전시와 시상식, 관람 과정은 정교하게 짜인 하나의 극과 같았다. 그리고 그 극에는 명백한 메시지가 담겨 있었다. 조선총독부가 식민지 조선을 문명국으로 만들어줄 준비가 됐고, 이러저러한 품종을 이제부터 보급할 예정이라는 정책 공약 비슷한 것이 공진회에서 제시됐다. 이 지도를 받아들이면 문명화된 산업의 성과를 곧 누리게 될 것이라는 게 식민주의자가 구사한 내러티브였다. 곧 펼쳐질 조선의 '미래'가 공진회에서 그려진 셈이다.

공진회는 식민지 조선의 '현재'를 묘사해 전시하는 장이기도 했다. 그 현재란 별다른 게 아니다. "현재 조선인은 조선총독부와 각 도 당국의 지도를 잘 받아들여 열심히 새로운 농법을 배우고 있다"라는 것이 식민주의자가 묘사한 조선의 '대견한' 현재 모습이었다. 또 그러한 '대견한 조선인'의 모습은 조선인이 자발적으로 내놓았다는 출품작 그리고 그 출품작을 성실하게 심사한다는 심사위원의 얼굴 속에 살짝 오버랩 되어 있었다. 이렇게 '문명화'라는 목표를 향해 함께 뛴다는 일제 당국과 조선인의 모습이 바로 관람객이 진지하게 살펴봐야 할 '바람직

一　風俗ヲ壊シ衛生ヲ害シ若クハ危險ノ虞アル爲ス行爲ヲ爲スヘカラス

一　建設物及樹木ヲ損傷シ又ハ出品ノ家畜ニ食物ヲ與フヘカラス

一　看守人ノ承諾ヲ得ルニアラサレハ陳列品ニ接觸スルコトヲ得ス

一　會場構内ニ於テ物件ヲ紛失シ又ハ盗難ニ罹リタル者ハ直ニ會場内出張ノ警察官ニ届出ツヘシ

一　物件ヲ拾得シタル時ハ直ニ該物件ヲ會場内出張ノ警察官ニ届出ヘシ

一　觀覽人ハ總テ構内ノ掲示ヲ遵守スヘシ

二、觀覽券

觀覽券ハ觀覽者入場ノ際毎人一枚ツ、門衛係之レヲ交付シ退場ノ際門衛ニ返戻セメタリ

第一回慶尚北道
物産共進會　觀覽券

本券ハ退場ノ際門衛ニ渡サルヘシ

제1회 경북물산공진회 관람권(입장권).
〈경상북도물산공진회사무보고〉, 1914

한' 조선인의 이미지였다.

공진회에 동원된 관람객도 전시물의 기능을 했다. 다시 말해 '심사에 열중한 조선총독부의 일본인 관리와 그 심사를 받기 위해 대기 중인 조선인'이라는 모양새도, 일제가 선전하는 '문명화' 이데올로기를 오롯이 담아놓은 장면이라고 할 수 있다. 그뿐 아니라 그것을 열심히 들여다보는 조선인 관람객의 모습도 조선총독부가 기대한 연출 장면이었다. 이 '지도하는 자'와 '지도받는 자'의 역학 관계가 펼쳐지는 모습을 목도하고자 자비를 들여 물산공진회장을 굳이 방문했다는 조선인 관람객은 식민권력의 입장에서 볼 때 필수불가결한 소품이었다. 이처럼 일제강점기에 여러 번 개최된 지방물산공진회는 하나의 방송 프로그램과 같이 잘 짜인 설정 속에 진행됐다. 관객도 동원된 사람이었고, 출품자도 일본인 지주거나 관과 유착된 사람이었다.

조선의 미래와 현재를 식민지 당국이 모두 쥐고 있다는 지배자의 메시지, 당국에 순종하기만 하면 '문명화'라는 지상 목표는 그저 '따 놓은 당상'에 불과하다는 식의 선전이 물산공진회 전시장 안에 난무했다. 전시장 안의 물건뿐만 아니라 사람까지도 설정이었던 것이다. 일제 식민 지배자는 짜인 설정 안에 '문명화'가 잘 달성되기만 하면 '공진회가 아니라 박람회까지 개최할 정도로 조선이 발전할 수도 있으니 박람회를 개최할 만한 수준에 이르기까지 분발하여 문명화를 이룩하도록 하라! 또 그렇게 되기 위해 조선총독부의 지배에 절대 저항하지 마라'라는 메시지를 펼쳐놓았다. 이렇듯 정교하고도 복잡한 식민주의자의 메시지가 가건물 형태의 허름한 지방물산공진회 전시관 속에 거창하게 펼쳐질 때 가난하고 평범한 조선 농민은 그 현란한 선전을 정말로 진지하게 받아들일 수 있었을까?

1915년 시정 5년 기념 조선물산공진회와 '무대' 공간의 확대

3:

더 커진
무대 장치

조선총독부는 지방 각지에서 열리는 물산공진회가 조선인의 뿌리 깊은 항일 의식을 잠재우고 그들을 일제의 시정 지도에 잘 따르는 '순량한 백성'으로 바꾸어내는 데 어느 정도 효과를 거두었다고 자평했다. 조선 총독은 틈나는 대로 "공진회와 품평회를 개설하여 '다른 사람은 어떤 산물을 어떻게 재배하는지 보고 나도 개량하리라' 하는 마음으로 열등한 것을 버리고 우월한 것을 취하는 태도"를 가지도록 조선인을 열심히 계몽하라고 관료에게 훈시하면서, 이것이 조선인에게 산업 발전 방향을 가르쳐야 할 '교사'인 조선총독부가 당연히 해야 할 일이었다고 말했다.[1]

그 무렵 재조선 일본인과 일부 친일파 사이에서는 지방물산공진회가 매우 빈번하게 열리는 만큼 이만하면 박람회를 열어도 되는 것이 아니냐는 주장이 제기되고 있었다. 박람회 비슷한 행사를 열 정도로

95

조선총독부의 산업 개발 정책이 그 성과를 나타내고 있다는 것이었다. 대표적인 친일 인물인 자작 조중응[2]은 "시정 5개년 사이에 과거 수백 년 동안 쌓인 적폐를 거의 정리했다"라며 조선총독부에 "이에 대해 전폭적인 감사를 표현하지 않을 수 없다"라고 했다. 그는 조선총독부가 식민 지배를 했기에 조선이 당당하게 문명국의 반열에 들어갈 수 있게 됐으며, 그 덕분에 조선에서도 박람회를 열 수 있게 됐다고 말했다.[3] 하지만 당시 박람회는 조중응이 생각하는 것처럼 쉽게 개최하기 어려운 행사였다.

앞에서도 언급했듯이 그 무렵 유럽과 북미에서는 제법 큰 규모의 국제박람회가 여러 차례 개최됐다. 1900년의 파리만국박람회 이후 열강은 국력을 과시하기 위해 국제박람회에 국가 전용 전시관을 설치하고 거대한 기념물을 세우는 등 국위 선양에 전력을 기울였다. 박람회장도 전례 없을 정도로 규모가 커지기 시작했는데, 1904년 미국 세인트루이스에서 열린 국제박람회는 관람객이 움직이는 동선 길이만 15킬로미터에 달했다. 비행기가 처음 전시된 것으로 유명한 세인트루이스국제박람회는 그 규모가 상상을 초월했다. 행사장의 크기가 얼마나 컸는지 박람회장 안에 연장 21킬로미터의 철도가 건설됐고, 걷다 지친 관람객이 탈진해 병원으로 긴급 후송되는 일도 많았다.

미국 세인트루이스국제박람회 이후 각국은 너도나도 자국의 발전상을 홍보하기 위해 박람회를 개최하고 나섰다. 1905년에는 벨기에가 리에주국제박람회를 개최했고, 이듬해에는 이탈리아가 밀라노국제박람회를 열었다. 뉴질랜드도 미술산업국제박람회를 개최했고, 그 뒤를 이어 아일랜드국제박람회, 미국 '제임스타운 거주 300주년 기념 국제박람회', 영국 런던불영박람회, 벨기에 브뤼셀국제박람회, 중국 난징박람회 등 수를 제대로 셀 수 없을 정도로 많은 박람회가 연이어 열렸다. 이렇게 국제박람회가 빈번하게 개최되는 가운데 1908년 파리에서 박람회위원회연맹이 결성됐고, 이 연맹의 주도로 1921년 국제박람회조약 체결 논의가 시작됐다. 국제박람회조약은 앞으로 국제박람회를 자주 개최할 것이 아니라 3년에 한 번 정도 여는 것으로 제한하자는 등의 내용이었는데, 1928년 회원국이 최종 합의에 도달하여 그해에 정식으로 체결됐다.

일본에서도 국제박람회 개최 열기가 높아지고 있었다. 일본은 1867년 파리만국박람회에 처음 참가한 이후 박람회가 열강의 국력 선전장으로 변화하는 것을 목도하고, 일본에서도 국제박람회를 열어야겠다고 결정했다. 특히 러일전쟁에서 승리함으로써 일약 세계 주요 열강에 포함됐다는 자부심에 들뜬 일본 정부는 1906년 국제박람회 개최 구상을 내각 결의 형식으로 밝히고 본격적인 준비에 들어갔다. 그러나 재정 적자와 불경기가 이어져 국제박람회를 개최할 만한 경제적 여유가 없었다. 결국 일본은 국제박람회 개최 계획을 연기했다. 그 후 일본에서는 주로 내국인을 관람객으로 상정한 소규모 박람회가 열리는 데 그쳤다. 1910년대부터 1940년대까지 일본에서 개최된 박람회는 작은 것까지 합쳐 무려 100여 개에 이른다.

1910년대 일본의 박람회로 유명했던 것은 다이쇼(大正)박람회다. 1914년 3월 20일부터 7월 31일까지 도쿄 우에노 공원에서 열린 이 박람회는 무려 746만 명이 관람했을 정도로 크게 성공했다. 이 박람회에는 조선관도 설치됐으며, 이곳에 경복궁 모형과 한복 입은 인형, 인삼과 쌀 등 조선산 물품이 전시됐다.

다이쇼박람회가 개최됐다는 사실은 식민지 조선에도 자세히 보도됐다.《매일신보》는 박람회 기간 동안 거의 매일 각 전시관의 모습이라든가 관람객의 반응같은 것을 상세하게 보도했다. 박람회의 열기가 이처럼 높다 보니 조선인 중에서도 비상하게 관심을 기울이는 사람이 늘어났다.

사실 국권피탈(한일병탄) 이전에 조선에서 제대로 된 박람회가 열린 적은 없었다. 대한제국 정부는 박람회의 중요성을 인지하고, 1893년 시카고국제박람회부터 국비를 투입해 전시관을 마련했다. 그러나 이 박람회에 출품된 물건은 장구나 피리, 짚신, 장기판 같은 것으로 관람객의 주목을 끌 만한 것이 아니었다.

이러한 가운데 정부 차원에서 국제박람회에 참가하려는 시도가 가시화되었다. 조선이 대한제국으로 국호를 바꾼 후 정부는 국제박람회에 '대한제국관'을 설치하고 전통 문물을 소개할 필요가 있다고 판단했다. 그러나 재정이 넉넉지 않았기 때문에 외국에 별도의 전시관을 마련한다는 것은 쉽지 않은 일이었다. 1889년 파리만국박람회가 개최되었을 당시에 정부는 여러 차례 박람회 참가 가능성을 저울질했으나 국비를 투입해 대한제국관을 만드는 것이 어렵다고 판단해 참가를 보류하려 했다. 이때 미므렐이라는 프랑스인이 나타나 자비로 대한제국관을 만들준 일이 있었다. 이러한 도움에 힘입어 대한제국은 전통악기

1889년 파리만국박람회장에 들어온 기차.

1900년 파리만국박람회에 출품된 포드 자동차.
주강현,《세계박람회 1851~2012》, 블루&노트, 2012, 380쪽

와 책을 출품할 수 있었지만, 프랑스인의 관심을 끌지는 못했다.

대한제국 정부는 1893년 시카고국제박람회 때에도 박람회 참가에 적극적으로 나섰다. 이때에는 국비를 투입해 회장 안에 전시관을 확보하고 관리자까지 직접 파견하는 등 더 체계적으로 지원했다. 하지만 그러나 이 박람회에도 특별한 물품을 출품하지 못했고 장구나 짚신, 장기판 같은 것들만 전시하는 데 그쳤다.

몇 차례 국제박람회 참가 경험을 바탕으로 대한제국 정부는 박람회를 위한 상설 기구를 만들어야겠다고 판단했다. 이에 1899년 칙령 제10호로 임시박람회사무소를 설치하고, 1902년에는 농상공부 안에 박람회 사무 전담부서도 두었다. 이렇듯 박람회에 대한 관심이 높아지는 가운데 민간에서는 '박람회'라는 이름을 차용한 소규모 행사가 자주 열리기 시작했다. 경성에 거주하던 어느 일본인 상인은 상인은 기차에 신식 상품을 가득 싣고 지방 여러 곳을 돌아다니면서 팔았는데, 단순히 손님을 끌기 위해 '기차박람회'라는 이름을 붙였다. 1906년 4월 부산의 일본 상품 진열관에서도 '부산일한상품박람회'라는 이름을 붙인 일본 상품 판촉 행사가 열렸다. 이듬해 경성에서는 대동구락부라는 곳에서 농산품, 수공예품 등을 전시한 '경성박람회'가 열렸는데, 조선인 출품자가 겨우 세 명에 불과할 정도로 사회적 관심이 낮았다. 이 행사는 창고형 가건물에 일본 상품만 잔뜩 쌓아두고 관람자에게 구매를 권유하는 정도의 소규모 판촉 행사에 지나지 않았다.

이러한 가운데 시정 5주년 기념행사를 준비하던 조선총독부 관료와 친일파는 식민지 조선도 예전과 달리 문명이 비약적으로 발전했을 것이니 이제는 명실상부한 박람회를 열어보는 것이 어떻겠느냐고 주장하고 나섰다. 조선총독부가 조선을 지배한 후 산업이 뚜렷하게 발전했으므로 그 성과물을 전시하는 것만으로도 가히 박람회라고 이를 정도가 됐다는 것이다. 조선물산공진회는 이와 같이 일제가 일본의 업적을 자화자찬하는 분위기 속에서 기획되기 시작했다.

앞에서 설명한 대로 1910년대 전반기에는 각지에서 공진회나 품평회가 열리고 있었다. 공진회라는 행사 자체가 조선인에게 전혀 낯선 것이 아니었던 셈이다. 그러나 박람회는 공진회와 완전히 차원이 다른 대규모 행사다. 선진 제국에서 열리는 박람회는 산업품평회 같은 행사와 달라서 혁신적인 발명품이나 상품을 주로 전시했고, 이 전시품으로 세계의 이목을 끌었다. 라이트 형제가 발명한 비행기, 에디슨의 전구, 포드의 자동차, 벨의 전화기 등 이름만 들어도 입이 쩍 벌어질 정도로 획기적인 물건이 박람회에 전시돼 전 세계에 선을 보였다.

식민지 조선에서 과연 라이트 형제의 비행기, 에디슨의 전구 등에 필적할 만한 물건이 생산됐다고 할 수 있을지는 의문이다. 식민지 조선의 경제 상황을 돌아보았을 때 조선에서 첨단 상품이 발명 또는 생산됐을 개연성은 매우 낮다. 상황이 이러한데도 재조선 일본인과 친일파는 1915년 '조선 제1회 박람회'를 열어야 한다고 선언하고, 협찬회를 조직하기 시작했다.[4]

재조선 일본인이나 친일파 인사들과 달리 조선총독부의 고위 관료는 식민지 조선이 유럽이나 미주에서 열리는 규모와 같은 수준의 박람회를 개최할 능력이 없다고 보았다. 또 한일병탄 5년 만에 조선이 단

박에 문명국으로 발전했다고 생각하지도 않았다. 조선 총독 데라우치 마사타케는 조선물산공진회 집행위원을 대상으로 한 연설에서 이러한 현실을 지적하고 박람회 명칭을 사용하자는 데 반대했다.

예전에 조선의 국정은 너무나 황폐했다. 병합을 행한 후 나는 조선의 개발을 자임하고 금일까지 집정해왔다. 그동안 식산흥업과 여러 가지 시설을 베푸는 데 비상히 진력해왔고, 그 결과 병합 후 5개년 사이에 어떠한 진보와 발달을 거두었는지 돌아볼 때 현저한 것이 없다고 하더라도 그 맹아가 나타난 것이 어느 정도는 있다. 그 결과물을 조선인들에게 보이고 장래 산업의 발전을 도모하고자 하는 것이 공진회 개최의 취지이다. (……) 이러한 뜻을 두고 경비를 예산에 계상하여 의회의 협찬을 구한 터이다. 그런데 그 후에 박람회라는 명칭을 쓰는 것이 좋다는 논의가 일어난 바, 제군 중에서도 이를 주장하는 사람이 있는 것 같다. 그러나 나는 이에 절대 반대한다. 박람회라는 명칭은 근소한 물산만 수집해서 진열하는 행사에 붙일 수 없는 이름이다. 박람회라는 것은 반드시 진열된 물품 품질까지도 심사, 연구하여 장래의 발달을 독촉하자는 행사가 아니다. 그래서 이번 행사를 공진회라고 부르는 것이다. 이런 사정을 잘 살펴서 제군은 박람회라고 인정하지 말고 공진회라는 생각을 갖기를 바란다.[5]

박람회는 선진 문물의 정수를 전시하는 행사인데, 조선총독부가 강제합방 후 5년 동안 무언가 일을 하기는 했지만 아직 박람회를 열 정도로 대단한 문물은 없다는 것이다. 그는 조선물산공진회는 장래에 박람회를 개최할 수준의 문명에 도달할 목적으로 널리 국내 산품을 수집한 후 그 우열을 심사하고, 관람자로 하여금 자신도 문명인이 될 방도를 연구해보라고 독촉하는 행사여야 한다고 했다.

우여곡절 끝에 조선총독부는 1914년 3월 열린 제31회 제국의회에 시정 5년 기념 조선물산공진회 개최와 관련된 경비 예산안을 제출하고 인가를 받았다. 예산을 획득한 조선총독부는 곧바로 공진회사무장정을 공포하고, 공진회 개최 준비 사항을 협의하기 위한 조선물산공진회평의회를 조직했다. 조선총독부 정무총감의 주도하에 관료, 기업가 등으로 구성된 조선물산공진회평의회는 전시장 규모와 공사 문제 등을 협의하는 한편, 출품작 심사 등 제반 사항을 관장했다. 참고로 시정 5년 기념 조선물산공진회 개최를 위해 조선총독부가 계상한 예산은 50만 원이었다. 그런데 이 정도 규모의 금액도 부족했던 모양이다. 일제는 부족한 돈을 벌충하기 위해 각 도에 공진회협찬회를 조직해서 이를 통해 '기부금'을 긁어모으도록 했다.

일제강점기에는 건설·토목 사업이나 학교 설립처럼 주민의 숙원 사업을 추진하는 일이 벌어지면 어김없이 어용 인사나 면(面) 직원이 동네를 돌아다니며 기부금을 거두어들였다. 일부 연구자는 이 '기부금'이 조선인이 지역의 공공사업을 발전시키겠다는 마음에서 자발적으로 낸 것이 아니냐며 오해하기도 한다. 그러나 일제강점기에 기부금의 절대 다수는 면이나 경성부 같은 부(府), 도(道)가 강제로 거두어들인 것이다. 지금으로 치면 '법정 기부금'과 비슷하다고 할 수 있는데, 그렇다 해도 지금은 집집마다 돌아다니며 세금을 받아내듯이 기부금을 거두지는 않는다. 그러나 일제강점기에는 면 직원이 세금을 거두듯이 당당하게 기부금을 받아갔다. 이름만 기부일 뿐, 실제로는 세금이나 부과금과 다름없었던 것이다.

그 당시에는 아무래도 돈 많은 지주나 기업가가 기부금을 더 많이 내야 했다. 조선총독부는 기부금을 많이 낼 만한 지주와 기업가를 긁어모아 지방마다 물산공진회협찬회를 조직했다. 이 협찬회는 조선총독부가 공진회를 개최하는 데 드는 비용이 부족하다고 걱정할 때마다 기부금을 모아주었고, 자기 지방에서 공진회관람단을 만들어 경성으로 보내는 일까지 도맡았다. 이렇게 물심양면으로 도움을 주었으니 조선총독부도 대가를 제공하지 않을 수 없었던 것 같다. 실제로 총독부는 시정 5년 기념 조선물산공진회장 내에 설치할 매점과 식당의 운영권, 지정 여관 운영권 같은 것을 협찬회에 주었다. 경성협찬회에는 매점 운영권을 주고 지방협찬회에는 그 지방의 공진회관람단이 숙박할 여관을 지정해줄 특권을 허용했다.

전시관에
나타난
배치의 전략

비판 의식을 마비시키는 스펙터클

시정 5년 기념 조선물산공진회는 1910년대 전반기에 열린 지방공진회와 그 전시 내용이 대동소이했다. 일제는 관계자와 몇 차례 협의를 거쳐 각 도 지방공진회에서 수상한 물품을 이 행사에 동원하기로 결정했다. 그런데 지방공진회 출품작은 조선인이 일상생활에서 흔히 접하는 농산물이거나 임산물, 가축 정도에 불과했다. 이런 품목만으로는 '식민 지배 덕분에 조선이 문명화됐다'는 논리를 효과적으로 전달하기 어려웠다. 이에 조선총독부는 다음과 같이 전시 내용을 꾸미라고 공진회 사무국에 명령을 내렸다.

금일 조선의 물산은 도저히 내지(일본)와 비견하기 어렵고, 관람자들이 농산물만 보게 되면 농산 진열회와 같다는 느낌을 가지게 될 우려가 없지

시정 5년 기념 조선물산공진회장 안에 줄서 있는 사람들.

않다. 그러므로 전시 내용을 선정하는 데에 특별한 주의를 가해 공진회가 보다 유의미한 행사가 될 수 있도록 해야 한다. 본회의 개최는 병합 후 5년 동안 산업의 발전상을 드러내는 데에 있지 않다. 교육, 토목, 경제, 기타 여러 가지 사항에 대하여 옛날 모습과 앞으로 도달할 모습을 대비하고 더욱 장래 개발을 기대하는 마음을 가지도록 해야 한다. 출품물이 많은 것보다 관람자의 주목을 어떻게 하면 끌 수 있을까 고심하여 진열이나 장식 방법에 특히 치중하는 방침으로 출품물을 선정하도록 해야 한다.[6]

즉 조선총독부가 시정 성과를 아무리 자랑하려 해도 좀처럼 자랑할 것을 찾아낼 수 없어 고심했음을 알 수 있다. 지방공진회에서 수상한 물품을 대거 동원해 전시할 예정이었지만, 그 물품 역시 그다지 새로울 것 없는 농·임산물이었기에 조선인의 눈을 현혹할 만한 매력은 없었다. 이에 일제는 앞으로 다가올 미래의 행복한 모습을 그림이나 도표로 표현하라고 주문했다. 또 이러한 장치를 통해 '관람자의 주목을 어떻게 하면 끌 수 있을까'에 치중하라고 했다.

기 드보르(Guy Debord)는 《스펙터클의 사회(Society of the Spectacle)》에서 권력이 구사하는 제도적, 기술적 수단과 현란한 장치를 통해 구현되는 스펙터클은 탈정치화의 수단으로 이용된다고 규정했다. 즉 스펙터클이 사회적 주체의 비판 의식을 마비시킨다고 주장한 것이다. 그에 따르면 문화적 도구 또는 매스미디어를 통해 대중에게 전달되는 스펙터클은 대중으로 하여금 권력이 바라보는 방식대로 세상을 보도록 강요한다.

이러한 관점은 조선총독부가 공진회를 현란하게 꾸미려 한 이유를 이해하는 데 도움이 된다. 조선총독부가 의도적으로 관람자의 주목을 끌 수 있도록 장식에 치중하라고 한 것도 아마 기 드보르가 지적한 것과 같은 이유 때문이었을 것이다.

한편 일제는 경복궁 일대를 조선물산공진회의 개최 장소로 정하고 경복궁의 많은 전각을 옮기거나 철거했다.[7] 처음에는 주로 근정전의 동쪽 구역을 사용하기로 했는데, 결국 근정전 주변의 전 구역을 이용하는 것으로 계획이 확장, 변경됐다. 이렇게 전시장 규모를 늘리기로 하면서 일제는 1914년 7월 근정전 앞쪽에 있는 홍례문과 그 회랑, 시강원 건물 등을 철거해버렸다. 그리고 그 과정에서 나온 목재 등을 민간에 매각했다.

경복궁이 공진회 개최 장소로 선정된 후 많은 건축물이 훼손되고 철거된 것을 두고 일제가 조선 왕조의 권위를 의도적으로 훼손한 것이라고들 평가한다. 나 역시 그러한 지적에 동감한다. 그러나 일제가 조선이라는 봉건 왕조의 가장 상징이 되는 장소를 의도적으로 오용한 그것이 일제가 공진회를 개최한 궁극의 목적이라고 볼 수 없다. 조선물산공진회라는 행사가 보여준 식민주의의 문제점을 분석할 때 경복궁의 권위를 훼손했다고 평가하는 정도로 간단히 연구를 마칠 수는 없는 것이다.

학문의 권위는 끊임없는 질문과 탐구로 만들어진다. 톱다운(top-down) 식으로 제시된 시각을 충실히 따르는 것이 학문하는 사람의 자세는 아니다. 조선물산공진회 때문에 조선 왕조의 권위가 훼손되고 말

시정 5년 기념 조선물산공진회 제1진열관을 방문한 일본 왕족 간인노미야 일행.
서울역사박물관 소장

았다고 혹자는 안타까워한다. 그러나 민주주의 사회를 살아가는 현대의 한국인이 가장 중요하게 살펴봐야 하는 점은 공진회를 통해 왕조의 권위가 떨어졌다는 사실에 있지 않다. 일제가 그 행사를 통해 어떤 효과를 거두고자 했는가, 그리고 그들의 그러한 의도가 보통의 조선인에게 어떤 영향을 미쳤는가 하는 문제에 주목해야 한다. 다시 말해 중점적으로 살펴봐야 할 것은 '전시장에 진열된 물건이 어떤 내러티브를 담고 있었는가' 하는 문제다. 그 전시 내러티브를 분석함으로써 식민주의자의 허구성을 직시하게 될 것이다.

여하튼 시정 5년 기념 조선물산공진회 준비 과정에서 많은 전각이 철거된 것은 사실이다. 회장의 규모는 5226평이며, 그 안에 제1·2진열관, 참고관, 기계관, 심세관, 미술관 등의 목조 건물이 들어섰다. 가장 중심부에 자리한 것은 역시 제1진열관이었다. 광화문과 근정전을 잇는 중간에 위치했고, 규모도 1490평에 달할 정도로 컸다.

제1진열관에는 쌀, 보리, 기타 잡곡, 면화, 담배, 인삼, 묘목, 잠사, 광산물, 어패류, 직물, 종이, 기타 수공업품 등이 전시됐다. 앞에서도 말했듯이 이 전시물은 지방공진회에서 수상한 물품 중 가려 뽑은 것이다. 이외에도 일본인 이민자 수라든지, 일본인이 경영하는 농장의 규모 같은 것을 표시한 통계 자료, 영림창(營林廠, 일제가 국유림 수탈을 목적으로 만든 산림 행정 기구)의 목재 생산액을 그래프로 표현한 자료도 아주 현란한 장식과 함께 걸려 있었다.

제1진열관에 전시된 쌀은 조선 재래종과 일본 품종의 샘플을 서로 비교하는 식으로 진열돼 있었다. 그중 조신력에는 "내지(일본)의 품종은 미질이 양호하고, 반 보(步)당 수확은 재래종에 비해 7할 3푼 이상 많으며, 수해와 병충해에 강하고, 관개시설이 잘된 곳에 적당하다"라는 설명이 붙어 있었고, 다마금(多摩錦, 다마니시키) 품종에는 "미질이 양호하고, 재래종에 비해 5할 7푼 이상 수확량이 많으며, 내한성이 뛰어나고, 관개시설이 없는 곳에서도 잘 자란다"라는 설명이 붙어 있었다.

이런 설명은 사실과 크게 다르지 않았다. 그러나 앞에서 길게 설명한 것처럼 조신력은 앞서 설명한 바와 같이 관개시설이 좋은 곳에서만 진가가 나타나기 때문에 저수지 같은 사회 간접 시설이 잘돼 있고 관리 시스템도 체계적이어야 한다. 이렇게 공공재 투자가 잘 이루어지려면 권력 자체가 민주화될 필요가 있다. 하지만 조선총독부 같은 일개 식민권력이 대다수 조선인의 합의를 이끌어내고 그것을 적절히 통합해 나가면서 민주적으로 예산을 운용할 능력과 의지 자체가 있었는지는 의문이다.

다마금 품종도 고려해야 할 문제가 많다. 이 품종은 도복(倒伏) 현상, 그러니까 벼가 익어감에 따라 지상부의 지지력이 약해져서 비바람이 불면 줄기가 꺾이거나 휘는 현상이 잦다. 태풍이 오거나 장마가 길면 농사를 아예 망칠 수 있다. 이 품종을 심으려면 여러 가지를 고려해야 한다. 일본 품종은 그저 좋고 한국의 재래종은 열등하다는 고식적 설명은 지방공진회 때마다 식민 관료가 되풀이하던 말이다. 그리고 보면 조선물산공진회도 지방공진회 때 나타난 것과 동일한 메시지를 담아 내러티브를 구성했던 것이다.

한편 이 진열관에는 면화, 잡곡, 연초 종자 샘플도 전시돼 있었다.

지방공진회에 단골로 출품되던 묘목도 있었고, 개성에서 출품된 백삼과 홍삼 제품도 있었다. 제1진열관 농업분관에는 일본인 농장에서 사용하던 농기구와 농업 '개량' 성적, 이를테면 1910년과 1914년의 쌀 수확고를 비교한 통계표도 걸려 있었다. 그런데 이 표에 실린 통계 수치가 조금 이상하다.

《매일신보》나 〈(시정 5년 기념) 조선물산공진회보고서〉에 따르면 조선물산공진회 제1진열관의 통계표에는 조선의 쌀 수확량이 1910년에 793만 석에 머물다가, 1914년에 1216만 석으로 대폭 증가한 것으로 표시되어 있었다. 하지만 조선총독부가 발표한 공식 통계인《조선총독부통계연보》에 따르면 1910년 조선의 쌀 수확량은 1040만 5613석이었다. 1910년 쌀 수확량 통계가 공식 발표 자료와 다른 것이다. 이런 식이라면 조선물산공진회에 전시된 통계표를 믿기 어려워진다. 혹시 조선총독부가 한일병탄 5년 만에 엄청난 성과를 거두었다고 자랑하고 싶어서 통계 수치를 조작한 것은 아닐까?

그 밖에 이 진열관에는 광량만 염전의 모형, 경성직물조합에서 출품한 견직물 같은 것도 곁들여 전시돼 있었다. 염전 모형은 규모가 상당히 커서 이따금 관람객의 주목을 받기도 했다. 하지만 견직물 같은 것은 그다지 특별할 것이 없는지라 그리 인기를 끌지 못했다.

한편 제1진열관 동쪽에 제1진열관보다 조금 작은 규모의 제2진열관이 있었다. 제2진열관에는 산업 부문 외에 잡다한 여러 부문의 전시품이 진열돼 있었다. 예를 들어 교육 분야 통계라든지 임시 은사금 사업의 성과물이라 할 만한 것이었다. 그중 가장 중요하게 취급된 것은

시정 5년 기념 조선물산공진회 제2진열관.
서울역사박물관 소장

은사수산사업의 현황을 표시한 도표 같은 것이었다.

　은사금의 규모와 각 도의 배당 액수를 표시한 도표가 제2진열관 중앙에 있었고, 그 좌우로 각 도의 은사수산사업 현황을 표시한 표 또는 사진 등이 널려 있었다. 은사수산사업의 성과란 은사 사업비로 만든 묘포에서 생산한 묘목 수량, 은사금 이자로 운영하는 학교 수 같은 것이었다.

　교육 현황을 표시한 도표에는 보통학교 수와 학생 1인당 학교 면적 같은 것이 기재돼 있었다. 그런데 쌀 수확량 통계와 마찬가지로 학교 통계에도 무언가 이상한 점이 있다. 조선물산공진회에 전시된 학교 통계 도표에 따르면 보통학교 수가 약 두 배 가까이 증가한 것으로 나타나는데, 그 증가세의 상당 부분이 사립보통학교 설립에 따른 것이었다. 그러니까 공립학교보다 사립학교가 더 많이 늘어난 셈인데, 이를 마치 조선총독부의 치적인 것처럼 선전한 것이다.

　이외에도 교육 부문에는 경성여자고등보통학교 학생들이 만든 관혼상제 모형, 평양고등보통학교가 출품한 일본 벼 품종 샘플, 각급 학교의 교육과정을 나열한 시간표와 교과서 견본, 조선 내 각 금융기관의 현황을 표시한 도표, 병원에서 사용하는 가위나 주사기 또는 응급 상자, 서대문형무소의 내부 모습을 표현한 대형 모형 같은 것도 진열돼 있었다.

일제가 조선의 과거를 전유하고 있다는 이미지

이렇게 잡다한 부문의 전시물로 가득한 제2진열관을 나오면 근정전 오

시정 5년 기념 조선물산공진회 미술관.
서울역사박물관 소장

른쪽에 연와와 화강석으로 만든 166평 규모의 2층짜리 미술관이 있었
다. 이 미술관은 공진회가 끝난 후 총독부 박물관으로 개조, 사용됐다.

언뜻 보기에 공진회에 미술관은 다소 어울리지 않아 보일 수 있지
만, 서구의 박람회에서는 미술품을 전시하는 일이 정례화돼 있었고 일
본에서 개최된 박람회에서도 그 예를 따라 미술품이나 전통 예술품을
다수 전시했다. 서구에서는 1867년 파리만국박람회 때부터 '미술품',

'학술 용구', '가구와 주택 용품', '장신구와 의류', '광공업 제품과 임산 가공품', '범용 기술', '수산물과 보존 식품', '가축과 농산물', '원예와 식물 표본', '기타 정신생활에 도움이 될 만한 서적'의 열 개 분야로 나누어 전시물을 선정하기 시작했다.

당시 박람회는 기술 문명이 가장 앞섰다고 자부하는 나라가 개최하는 것이 보통이었는데, 그런 국가에서는 상품을 고급스럽게 포장하려는 경향이 강했고, 따라서 디자인산업에도 관심이 높아졌다. 분위기가 그러하다 보니 미술의 역할이 재조명된 것이다. 박람회에서 미술 분야가 중요하게 받아들여져 별도의 부문이 마련되기 시작한 것은 1862년 런던국제박람회 때부터였다. 이 박람회에 영국의 왕립예술학회가 별도의 전시관을 확보해 고급스러운 양식의 도자기, 유리 공예품 같은 것을 전시한 것이다. 이를 이어받아 그다음 개최된 파리만국박람회는 미술품 분야를 열 개 전시 분야의 하나로 공식 지정했다.

박람회 내 미술전시장에도 다른 분야처럼 상당히 화려하고 유명한 작품이 출품됐다. 1867년 파리만국박람회 때는 '세계를 비추는 자유'라는 이름이 붙은 조각품이 진열됐는데, 현재 우리가 잘 아는 '자유의 여신상' 머리 부분이다. 그리고 1865년 필라델피아국제박람회 때는 자유의 여신이 들고 있는 횃불이 전시됐다. 자유의 여신상은 미국 독립 100주년을 축하하기 위해 프랑스가 만들어 선물한 것인데, 그 상의 각 부분이 국제박람회에서 이미 일반에 공개됐던 것이다. 나중에 프랑스가 이 각 부분을 조립해 완성했다.

20세기 초에 개최된 국제박람회에서는 '모더니티'를 표현한 미술

1867년 파리만국박람회장에 설치된 자유의 여신상 머리 부분(세계를 비추는 자유).
주강현,《세계박람회 1851~2012》, 블루&노트, 2012, 433쪽

품이나 조각품이 많이 전시됐는데, 대개 다가올 자본주의 문명의 황금빛 미래상을 담은 듯 약간 밝은 색조를 띠었다. 국제박람회의 미술품은 이처럼 문명의 발전을 자축하는 것 같은 역동적 분위기를 담은 것이 많았다. 반면 조선물산공진회에는 식민지 조선의 과거를 표상하는 전통문화재가 주로 전시됐다. 미술관 입구에는 경주 남산의 어느 절벽에 있던 약사불상, 경주 석굴암의 주실 벽면에 있던 보살상 하나가 놓여 있었고, 미술관 안에는 경성부에 산다는 김 모 씨가 출품한 인물화를 비롯해 개인 소장품 수백 점이 진열됐다.

　조선총독부 당국자는 굳이 전통 예술품을 전시한 것을 두고 "조선물산공진회는 시정 이후의 성과만 진열하는 자리가 아니라, 조선의 고대로부터 전래돼 내려온 것들을 수집해서 고유한 문명을 부흥하자는데 의의가 있다"라고 말했다. 즉 불상이나 회화 같은 것을 굳이 고른 이유가 바로 조선 문화의 부흥에 있다고 한 것이다.[8]

　일제 당국자가 이런 말을 했다는 것은 다소 의외다. 지금의 한국인은 전통을 현창하고 익히는 것이 국가 정체성을 제고하는 데 목적이있다고 생각한다. 전통문화를 배우면 자연스럽게 긍지를 가지게 되고 한국인이라는 정체성도 다질 수 있다고 믿는 것이다. 그런데 당시 조선총독부는 한국의 전통문화를 일제의 지배 이데올로기를 널리 전파하는 데 이용했다. 조선인이 전통문화재를 볼 때마다 조선인의 정체성을 되돌아보기보다 그 뒤에 드리운 조선총독부의 존재를 인식하기를 기대했던 것이다.

　일제는 이른바 진구(神功)의 신라 정벌, 임나일본부의 한반도 지배설을 역사적 사실이라고 믿으면서 그와 관련된 문화재가 있는지 여러 모로 조사해본 적이 있다. 그들은 고대 문화재에 항상 '과거 한반도를 일본이 지배한 적이 있다'는 메시지를 담기를 원했고, 그 때문인지 일본의 것과 비슷한 조선의 문화재를 중시하거나 아무런 관련성이 없는 문화재에도 그렇게 의미를 부여하고자 했다.

일제는 조선인도 미처 깨닫지 못하는 식민지 조선의 과거 모습을 재조명하는 능력을 갖춘 존재로 스스로를 미화하려 했다. 이에 대해 조선총독부 이왕직(李王職) 사무관 스에마쓰 구마히코[末松熊彦]는 다음과 같이 언급했다.

> 미술관의 목적은 조선에 고유한 미술을 장려하여 미래의 진보와 발달을 도모하고자 함이니 이는 다만 미술계에만 행복될 뿐 아니라 조선에 특유한 문명의 진가를 세계에 드러내는 공전 절호의 호기를 당하였으니, 고대 조선을 위하여서도 어찌 축하할 일이 아니리오. 조선에 고유한 회화 및 골동품이 불소(不少)하니 이 기회를 여하히 조선인 제군이 유리하게 이용하는 바는 각기 각오하는 바가 유(有)할 줄로 믿거니와 (…) 미술계의 조예가 있는 자의 흔찬(欣贊)하는 바를 들면 (…) 조선에는 조선된 특별의 착상이 유(有)한데 근래에 내지(內地-일본)식 혹은 서양식으로만 몰리다가는 영원히 조선에 고유한 미술을 소멸할까 하는 우려에서 금회에 특히 미술관에 전력함인즉 (…)[9]

다시 말해 조선물산공진회 미술관을 개설한 이유는 먼저, 조선의

고유한 미술이 가진 진가를 세계에 드러내기 위함이라는 것이다. 일
제는 조선의 미술 혹은 문화재를 일방적으로 폄하하기보다 그동안 조
선인들이 미처 "깨닫지 못했던" 조선 고유 문화의 '진가'를 공진회라는
기회를 이용해 드러내 알리겠다고 했다. 또 그렇게 조선의 '미'를 파악
하고 널리 알릴 만한 능력을, 조선총독부가 가지고 있다고 언급한 것
이다.

일제는 조선물산공진회를 통해 조선총독부야말로 식민지 조선의
미래를 책임질 존재이며, 현재의 모습을 제대로 파악하고 있는 '초월
자'라는 점을 강조하려 했다. 그런데 일제는 식민지 조선의 고대 문화
가 지닌 장점을 발굴할 수 있는 능력까지 갖춘 존재로 스스로를 규정
했다.

> 조선의 역사는 (…) 삼국부터 신라시대까지 불상의 조각이 더욱 탁절(卓
> 絶)하고 또 고려 일대(一代) 중에는 청자, 백자로써 천하 제일이라 하였도
> 다. 그러나 이 고려요의 일종은 너무 정교 우미(優美)하여 혹인은 이를 한
> 인(韓人)의 소작(小作)으로 인정하지 아니하고 모두 지나인의 수입품이라
> 주장하나 오인(吾人)은 (…) 반도 내에 그 제작지가 자재(自在)함을 신(信)
> 하였도다. (…) 대구면(大口面)의 청자요는 고려의 멸망과 공히 그 적(跡)
> 이 세(世)에 매몰된 이래로 500 춘추를 경(經)하여 자(玆)에 당시의 현상
> 을 발견하였다.[10]

이처럼 일제 당국은 조선물산공진회가 열리기 직전에 세계가 그

진가를 인정하는 고려자기의 생산지가 한반도 내라는 점을 밝혔다 자부하고, 조선 왕조 시기에 사라졌던 전통을 되살렸다는 일종의 '도취감'을 드러내고 있었다.

실제로 재조선 일본인들 사이에서는 "10년 전 조선에 건너 온 일본인으로서 고려 자기가 어떤 물건인지 알지 못하는 자는 사실상 없고 청백자 2~3개를 얻어 궤상(机上)의 진완품(珍玩品)으로 삼거나 가향(家鄕)의 증여품을 보내는" 것이 유행이었다. 당시 재조선 일본인들은 고려 시대의 청자 문화가 조선 왕조에 이어지지 못한 것은 "조선의 미술이 (…) 쇠퇴해 오늘날에 이르러 삭량(索凉)해졌기 때문"이라고 여겼다.[11]

조선총독부는 삼국, 고려의 미술이 크게 융성한 데 비해 조선왕조는 '절멸' 상태에 처했다고 진단하면서 그 대표적인 예로 청자를 지목했다. 조선왕조가 고려자기의 계승을 '지도'하지 않았다는 것이다. 그런데 조선물산공진회 주최 측은 이 고려청자에 대해 언급하기를 "그형태와 색, 광택이 모두 탄복스럽고 (…) 가장 감심(感心)할 것은 도자기에 그려진 화조(花鳥), 기타의 세미한 도안(圖案)이 개토(皆土)와 철분을 중안(衆眼)으로 하여 정교를 극하여 타에 유례가 없다"고 하면서,[12] 조선 왕조를 대신해 총독부가 그 가치를 비로소 알기 시작했다고 선언했다.

마침 조선물산공진회가 열리기 한 해 전에 강진군 대구면에서 고려요가 발굴된 적이 있다. 당시 일제는 다음과 같이 언급했다.

관련 연구자들이 지적한 바와 같이 조선물산공진회 미술관의 전시장 구성은 그 하나하나만 두고 보았을 때 전시 구성이 체계적이지 않아 보이지만, 시각을 공진회장 전체로 확대해 보면 일제가 공진회라는 전시 프로젝트를 통해 펼쳐보이고자 했던 자기 이미지가 다른 전시관과 동일하게 드러나고 있었음을 알 수 있다. 미술관자체가 공진회장 전체에 일관된 전시 내러티브의 하위 구성 요소의 하나로 배치되어 있었던 것이다.

일제가 미술관 전시품 중에서 가장 중시했던 것은 단연 자기와 회화였다. 이 가운데 도자기는 일제가 일찍부터 주목하던 조선 문화의 '정수'였다. 이와 관련하여 매일신보는 "세계 미술의 발달이 극도에 달하여 제반 공업이 조선인의 안목으로 보면 가히 불가사의한 것"으로 조선인이 감히 따라가지 못하지만, "조선 고대에 제조한 고려 자기는 전 세계가 지보(至寶)로 추중(推重)하되 능히 그 전형을 모방하지 못하니 이로 보건대 조선 고대의 미술은 세계에 과요(誇耀)"할만하다고 평한 바 있다.[13]

이 신문은 이와 같은 평가와 함께 "고려 자기보다 유려한 미술이 유(有)하더라도 …(중략)… 당국의 장려가 무(無)하고 도(徒)히 오리(汚吏)의 주구(誅求)가 격심하니 누가 차업(此業)을 경영하리오"라고 말하면서, "근래에 정부의 지도한 결과로 자기 공장이 설립되어 그 제조가 왕일(往日)에 비하면 족히 이채를 발휘"하기 시작했다고 주장했다. 자기에 대한 일본인들의 관심은 1900년대 중반부터 급증해 경성에 거주하는 일본인들 사이에서는 개성의 고려 고분에서 도굴된 청자를 매입하는 것이 일종의 유행처럼 번졌다고 한다.

식민 당국은 위와 같은 분위기 속에서 "관람자의 주목을 야기하기 위하여 미술 공예품의 출진 여하에 관심을 기울이지만 현재 조선의 미술품으로는 볼만한 것이 없으므로 (……) 왕고(往古)의 우수한 회화와 조각, 도기 등의 진열을 통해 장려적 효과를 기대하고자 한다"라고 했다.[14] 또 전시할 문화재를 어떻게 확보할 것인가 하는 문제에 대해서는 "지방의 양반 및 부호에게 권유하여 비장품을 내놓도록" 하겠다고 했다.

이렇게 미술품 동원 방침이 서자 조선의 부호들은 행여나 소장한 물건을 빼앗길까 봐 전전긍긍하기 시작했다. 이왕직(李王職, 일제강점기 대한제국 황족 관련 사무를 보던 기구)의 사무관으로 박물관과 미술관 업무를 맡았던 스에마쓰 마히코(末松熊彦)는 "최근 조선인들이 공진회(共進會)를 공진회(貢進會)로 잘못 알고 소장한 문화재를 빼앗길 것이라 걱정한 나머지 이를 숨기기에 급급한 모습이 만연"하다면서 오래된 도자기나 회화를 숨기지 말고 내놓으라고 말했다.[15] '공진회(共進會)'를 '공진회(貢進會)'로 받아들인다는 사실은 민간인 사이에 '이 행사에 전시되는 문화재의 대부분이 조선총독부가 공물을 받는 것처럼 빼앗은 물건'이라는 소문이 돌았다는 사실을 의미한다.

부호가 소장한 문화재를 내놓지 않고 숨기는 일은 이 조선물산공진회가 처음이 아니었다. 1912년 경성상업회의소가 개최한 조선생산품공진회가 열렸을 때도 비슷한 일이 있었다. 경성상업회의소 직원이 부자를 찾아다니면서 소장한 문화재를 내놓으라고 호통을 쳤던 것이다. 이런 일을 당하고 보니 부호들은 시정 5년 기념 조선물산공진회를 한다면서 당국이 자신의 문화재를 빼앗아가지는 않을까 하는 걱정이 앞섰다. 이에 대다수 부호는 문화재 전시를 거부하거나 아예 '나는 문화재를 소장하고 있지 않다'며 발뺌을 했다. 문화재 출품을 자주 거부하다 보니 공진회협찬회 부회장으로 있던 친일파 조중응은 "조선인은 공진회에 협조해야 할 의무가 있는데도 출품물 같은 것을 내놓기 꺼려한다"라면서 당국자가 권유할 때 순순히 내놓아야 신상에 이로울 것이라는 협박까지 했다.[16]

참고로 공진회 미술관은 면적이 166평으로 그리 크지 않았지만, 경복궁 내 강녕전, 경성전, 연생전, 응지당 등 여러 전각에 미술 분관이 설치돼 있었기 때문에 전체적으로는 상당한 규모를 자랑했다. 전시된 미술품 수는 전부 1190점이었고, 조선인이 출품한 것이 301점, 일본인 출품작이 782점이었다. 미술관 정면에는 약사불상이 놓여 있었고 불국사의 부조 불상도 14점 정도 전시돼 있었다. 미술관 천장은 고구려의 고분에 그려진 벽화로 장식됐다. 진열실 안에는 고려청자, 신라시대의 장신구, 토기, 범종 등이 있었고, 김홍도의 그림도 몇 점 걸려 있었다.

앞서 지방공진회에 대해 설명할 때, 일제가 조선의 발전한 미래상을 펼쳐 보이고 그 길로 조선을 이끌어가는 일종의 구세주로 스스로를 포장했다고 지적했다. 그 문명화라는 것이 지금 보면 참으로 유치하기 짝이 없는 수준이었는데, 일제는 그러한 자기 이미지화가 조선인에게 먹힐 것이라고 생각했다. 그런데 조선물산공진회 때는 일제의 자아도취식 자기 표상화가 그 외연을 조금 더 넓혔던 것 같다. 식민지 조선의

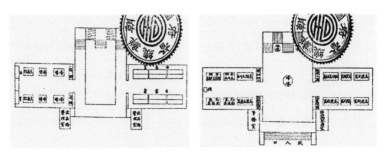

시정 5년 기념 조선물산공진회 미술관 배치도.
조선총독부 편, 《조선물산공진회보고서》, 1916, 190쪽

'미래'만이 아니라 '과거'까지도 조선총독부가 전유한 것 같았으니 말
이다.

　요컨대 일제 식민주의자는 조선인이 조선총독부의 지도만 잘 따
라오면 미래에 잘 살 수 있을 뿐 아니라, 과거의 자기 정체성도 제대로
되찾을 수 있다고 선전했던 것이다. 물론 그 정체성이란 일제가 조선
에 덧씌운 임나일본부설에서와 같이 '조선이 과거에도 일본의 식민지
였고, 현재도 그러하며, 미래에도 그러할 것'이라는 메시지가 투영된
기만적 정체성에 지나지 않았다.

　지방공진회가 열릴 당시만 해도 도 당국은 자기들이 하라는 대로
그저 하기만 하면 쉽게 조선이 문명국이 될 것이라고 선전했다. 그러
면서 자기들의 산업 정책은 바른 길로 가고 있다고 강변했다. 그리고
1915년 시정 5년 기념 조선물산공진회에서는 그런 선전이 좀 더 강화
돼 일제가 조선의 과거까지 잘 알고, 그에 대한 '올바른 해석'을 가할

수 있는 존재로 그려지기 시작했다. 이러한 모습을 통해 조선물산공진회가 실은 일제가 하고 싶었던 말을 여과 없이 나열하는 '수다스러운 선전장'이었음을 알 수 있다.

조선총독부가 곧 '조선, 그 자체'라는 메시지

제2진열관과 미술관이 위치한 전시회장 동쪽에는 심세관(審勢館)도 있었다. 심세관은 각 도의 인구나 도시의 위치 같은 것을 표시한 도표로 가득했다. 특별한 물건이 진열된 것이 아니라, 순전히 도표와 통계표, 지도 등이 있었다. 예를 들어 심세관 경기도부에는 경성, 인천, 고양, 광주 등과 같은 행정구역 명칭이 지도에 적혀 있고, 도시와 도시를 잇는 도로와 철도망도 그려져 있었다. 《매일신보》는 심세관에 걸려 있는 지도를 관람한 어느 조선인의 감상을 다음과 같이 간단하게 소개했다.

> 공진회를 보고 어떠한 감상인가 하면 '참으로 굉장합니다, 모두 좋습니다'라고만 말하지, 한 가지를 계통적으로 집어내어 감동된 바를 설명한 사람은 적은 모양이다. 그러나 그중에는 진실히 공진회를 알고 구경하는 사람도 없지 않아서 혹은 미술관을 보고 감탄하는 사람도 있으며, 혹은 심세관에서 각 도의 모형 지도를 보고 자기가 사는 군(郡)이 여하한 위치에 있는지 찾아내보고 비로소 자기가 사는 군이 어디에 있으며, 그 생산품이 타도(他道)와 타군(他郡)에 비해 어떠한 점이 우열한지 비교, 대조하여 무한한 감상을 느끼는 사람도 있다.[17]

다시 말해 주의를 기울이지 않고 구경하는 일반 관람객은 아무 생각 없이 전시물을 바라보다가 돌아가는 데 그치지만, '진실히 공진회를 아는' 사람은 심세관에서 자신이 거주하는 지역에 관한 정보를 처음으로 접하고 감명을 받았다는 것이다.

이 기사에는 '조선인의 일상에 관한 사실(fact)을 조선인 자신은 모르지만 일제는 속속들이 알고 있다'는 메시지가 담겨 있다. 제국주의 일본만이 식민지 조선의 모든 지리 환경을 파악한 능력자로 묘사돼 있었던 것이다. 식민지 조선의 자연과 인문지리 환경 정보는 이처럼 조선인의 '보호자'로 자처한 식민 당국의 절대적 권위를 상징하는 듯했다.

이 메시지는 참으로 여러 가지를 생각하게 한다. 많은 연구자가 조선물산공진회를 일제의 조선 지배 5주년을 기념하고 그동안 일제가 거두어들인 '성과'를 선전한 장(場)이라고 본다. 그러나 일제는 자신들의 식민 지배로 조선에서 이룩했다고 자화자찬하는 성과만을 전시하는 데 그친 것이 아니었다. 조선물산공진회에는 물리적 크기가 작은 물건만 전시돼 있지 않았다. 규모가 너무 큰, 심지어 추상적이어서 식민지 조선 전체를 덮을 만한 존재도 전시돼 있었다. 다름 아닌 제국주의 일본 그 자체다. '조선총독부야말로 식민지 조선의 과거를 가장 잘 아는 존재이고, 현재와 미래까지 책임지는 전지전능한 존재'라는 메시지가 곳곳에 숨어 있었던 것이다. 조선물산공진회는 이러한 메시지를 이미지로 표현하고, 이를 통해 조선인이 제국주의 일본의 '권능'을 부지불식간에 수용하도록 하는 데 초점을 맞추었다.

시정 5년 기념 조선물산공진회 심세관.
서울역사박물관 소장

　한편 공진회장 서쪽에는 철도국특설관, 동양척식주식회사특설관,
영림창특설관, 일본적십자사조선본부의 활동을 소개하는 박애관, 기
상측후소 관련 물건이 진열된 관측관, 일본 각 현의 생산품을 간단히
진열한 참고관 등이 있었다. 철도국특설관이나 동양척식주식회사특설
관 같은 곳에는 철도국이나 동양척식주식회사의 업무를 소개한 통계
자료가 간단히 전시돼 있었고, 규모도 그다지 크지 않았다.
　그래도 철도특설관을 돌아보았다는 한 조선인 관람객은 철도 차
량이나 화물의 연도별 비교표처럼 변변찮은 전시물을 겨우 하나 보고

난 다음에 "철도가 놓일 때 우리 동네에서도 얼마나 반대했었나! 사람도 많이 상했지. 그게 다 이 철도 놓으려고 그랬던 것일세" 하며 "허허" 웃었다고 한다. 철도 건설 과정에서 일제가 저지른 만행으로 인명, 재산 피해가 발생한 사실을 '문명의 이기를 들이는 과정에서 발생한 별것 아닌 우스운 에피소드' 정도로 묘사한 것이다.

이처럼 조선총독부는 '문명화의 대업' 앞에서 조선인이 겪었던 과거의 불상사를 그저 "허허" 하는 웃음소리로 날려버릴 수 있을 만큼 사소한 것으로 묘사했고, 조선인도 조선물산공진회를 보고서 비로소 이를 알 수 있었다고 말하고 싶어 했다.

영림창특설관은 영림창의 사업을 소개하기 위해 특별히 지은 전시관이다. 잘 알다시피 영림창은 국유림의 벌목과 관리를 위해 일제가 만든 기관이다. 1906년 10월 '한국삼림특별회계설치에 관한 합동계약'에 따라 설치된 통감부영림창이 1910년 조선총독부가 설치되면서 영림창으로 바뀌었다. 영림창은 조선총독부 회계와 분리된 별도의 독립 회계를 운영하면서 한반도 북부 지방의 주요 삼림 지대를 관할하고, 관행 작벌을 맡아보았다. 관행 작벌이란 영림창이 관할 삼림에서 매년 시행하는 벌목 작업을 말한다. 이 기관 산하에는 사업소가 많았는데, 주로 압록강 상류 지역에서 나무를 베어낸 다음 하류인 신의주 위화도에 위치한 북하동저목소까지 떠내려 보내는 일을 했다.

북하동저목소는 강물을 따라 흘러내려온 통나무를 모아서 말린 다음, 신의주제재소로 이송했다. 그러면 신의주제재소에서는 이 통나무를 산업용 목재로 가공했다. 영림창특설관에는 바로 그 각 사업소의 벌목량과 신의주제재소의 제재 취급량 같은 통계가 도표로 전시돼 있었다. 또 영림창이 베어낸 나무 몇 개도 놓여 있었다. 가장 눈에 띄는 전시품은 통계 자료를 담은 도표였다. 이 도표에는 주로 조선총독부가 제시하는 장밋빛 미래상이 표현돼 있었다. 조선총독부가 앞으로 어느 정도 식목을 할 것이며, 또 어느 정도 양의 목재를 생산할 것인지 표로 그려놓은 것이다.

이상에서 살펴본 것과 같이 관람객의 시선이 닿는 모든 곳에 조선총독부가 그 모습을 교묘하게 드리우고 있었다. 일제는 조선인이 바라보는 모든 전시물 뒤편에 조선총독부를 신적 존재로 묘사해놓았다. 그리고 그들에게 조선인은 그저 이를 바라보며 '감격해야 하는 존재'였다. 조선총독부가 늘어놓은 이 한 편의 파노라마에 조선인 관람객은 방송 촬영에 동원된 엑스트라처럼 영혼 없이 환호해야 하는 존재가 됐다.

박람회는 사물을 바라보는 인간의 시선을 통해 일종의 권력 관계를 창출하고 그 권력 관계에 관람자가 심취할 수 있도록 하는, 고도로 조작된 행사다. 인류학자인 키르셴블랏 김블렛(Kirshenblatt-Gimblett)은 전시 행사가 일상생활에서 평범하게 만날 법한 사물을 일종의 '액자'라 할 수 있는 진열장에 넣어 전시함으로써 그것을 바라보는 시각적 틀(준거, reference)을 창출, 제안한다고 주장했다. 그에 따르면 박람회나 박물관의 전시는 관람객에게 일상적 환경을 바라보는 방법을 제시하고 그에 동조하도록 만든다.[18] 그런데 이때 '일상적 환경을 바라보는 방법'이 관람객에게 얼마나 어필할 수 있느냐에 따라 그것이 설득력을 지니는지, 아닌지가 판명된다.

관람객과 유리된 전시 행사는 관람자를 신적(神的)인 위치에 가져다두고 전시물을 '위에서 조망하듯 바라볼 수 있게' 제시함으로써(파노라마적 접근) 기획자와 관람객을 일종의 공모 관계로 만들어버린다. 기획자가 의도한 전시 담론을 관람자가 똑같이 받아들이도록 할 뿐 아니라, 아예 신적인 위치에서 바라볼 수 있게 하며, 이를 통해 관람자가 무의식적으로 기획자의 의도를 자기의 생각인 것처럼 여기게 된다는 것이다.

그런데 조선물산공진회는 기획자와 관람객의 간극이 지나치게 컸다. 이 행사에서 관람객은 철저히 피동적 존재였고, 전시된 물건이 관람객보다 지극히 우월한 지위를 점했다. 조선인 관람객은 그저 객체로서 일제가 표현하고자 하는 내러티브를 수용해야 하는 위치에 있었다.

물론 요즘도 전시물이 관람객보다 우위에 놓인 전시관이 적잖다. 예를 들어 박물관 같은 곳에 가면 찬란한 과거의 문화재를 바라보며 그에 압도되기 마련이다. 설명글이 있기는 하지만 내용도 어렵고 대단한 학자라야 이해할 것 같은 전문 용어가 나열돼 있다. 오늘날 대개의 박물관은 이렇게 기획자가 선택한 오브제를 수집, 분류하고 전시하는 곳이다. 그러나 아무리 그렇다 해도 관람자와 전시물 사이에 최소한의 공감대는 형성되기 마련이다. 전시된 문화재가 평범한 사람에게는 거리감을 자아내지만, 최소한 관람객의 선조가 그 문화재를 만들었다거나 국가적 정체성을 특징짓는 기능을 하기에 전혀 생소하게 느껴지지는 않는 것이다. 그런데 시정 5년 기념 조선물산공진회는 조선인이 철저한 객체로 위치 지워진 행사였다. 즉 공진회 주최자와 관람자의 간극이 너무나도 컸다.

균열의
확대

이처럼 조선물산공진회는 조선인과 식민권력의 간극을 확인하는 자리였기에 태생적으로 많은 한계를 지니고 있었다. 권력은 박람회를 통해 대중에게 규율권력을 주입하고자 하는 것이 일반적이다. 규율권력이 잘 작동하기 위해서는 권력과 일반 대중 사이의 간극이 은폐될 필요가 있다. 그 간극이 명확히 드러나거나 강조되면 관람자가 전시품과 그에 내재한 내러티브를 불편하게 여기게 되고, 그와 더욱 더 거리를 둘 가능성이 높아진다. 따라서 대중과 격리된 초월적 권위가 전시의 주제가 되면 전시 효과는 크게 떨어지고 기획자가 만들어낸 내러티브도 공감을 자아내지 못한다.

조선물산공진회를 구경 나온 관람객 대부분은 너무나 복잡하고 낯선 내러티브를 접하게 됐다. 장대하고 화려한 장치로 포장했지만 그 안에 자리한 내러티브, 즉 '모든 것의 배후에 조선총독부가 있으며, 조선총독부야말로 식민지 조선의 구원자'라는 메시지는 명백하게 허황된 거짓말로 비쳐졌다. 관람객이 동조자가 아니라 타자로 설정되는 한 식민 당국은 공진회로 소기의 성과를 거두기 힘들었다.

이러한 상황을 사전에 예지했던 것인지 조선총독부는 조선물산공진회 개최를 앞두고 어떻게 하면 많은 관람객을 조선총독부가 만들어놓은 '교실'로 끌어들일 수 있을 것인가, 고민을 거듭했다. 조선총독부는 1915년 초부터 각 도와 군에 통첩을 내려 군수 책임하에 공진회관람단을 조직하라고 명령했다. 그리하여 각 지역의 군수와 면장은 연초부터 관람단 조직에 분망해졌다. 다음은 충청북도 충주의 사례다.

> 충주군청에서는 금회에 공진회를 이용하여 조선인의 자각을 유도하기 위하여 가급적이면 다수의 관람자를 모으기로 하고, 군수를 단장으로 하여 상하 열세 개의 면장을 모두 위원으로 위촉한 후 12월 이후부터 군민들에게 관람을 권유했으며, 신청자에게는 여비를 마련할 목적으로 1개월에 금 1원을 저금하도록 했다. 관광단은 한강을 따라 내려가 경성에서 2박하고 인천을 시찰한 후 돌아오는 길에 수원모범장을 시찰하기로 했다.[19]

공진회관람단에 동원된 사람은 대부분 지역의 지주거나 독농가(篤農家), 자산가였다. 예를 들어 황해도에서는 도청이 관람단을 조직할 때 드러내놓고 각 지방 농업 단체에 속한 독농가와 자산가를 중심으로 관람단을 조직할 것, 조선물산공진회관람장려회를 각 군에 만들어서 조직적으로 관람객을 동원할 것, 군청 직원 또는 장려회 임원이 관람단을 인솔하여 경성으로 갈 것, 공진회 폐회 후 지방의 일반민을 소집하고 시찰단원으로 하여금 공진회 관람을 통해 느낀 바를 발표하도록 할 것 등의 방침을 시달했다.[20]

이 방침에서 알 수 있듯이 조선물산공진회를 보겠다고 몰려든 지방 관람객의 대다수는 관이 동원한 군중이었다. 각 군에서 동원한 사람 수는 정확히 알기 힘들지만《매일신보》1915년 6월 2일 자 기사에 전라북도 14개 군에서 동원한 관람객이 2248명이라는 내용이 있어 다소 참조가 된다. 현재 남아 있는 기록에 따르면 총 51일간 개최된 공진회에 조선인 73만 명, 일본인 30만 명이 다녀갔다. 이는 연인원이기 때문에 정확히 몇 명이 다녀갔는지는 확인하기 어렵다. 하지만 상당히 많은 사람이 동원이든 자발적 관람이든 다녀간 것은 사실이었다.

조선총독부는 관람객이 많이 다녀갔다는 사실에 충분히 안도할 수 있었다. 얼마나 많은 사람이 왔는지 수많은 인파 속에서 10여 년 전 만났던 친지를 우연히 다시 보게 된 경우도 있었다. 또 사람들 속을 은밀히 다니면서 남의 주머니를 노리는 소매치기도 많았다.

관람객은 조선물산공진회를 보고 나서 어떤 느낌을 받았을까? 이에 대한 기록이 딱히 남아 있지는 않지만, 1923년 10월 경복궁 일대에서 개최된 조선부업공진회 당시 관람객이 나눈 것으로 보이는 대화가 염상섭이 쓴 〈세 번이나 본 공진회〉라는 글에 실려 있다. 잡지《개벽》1923년 11월호에 게재된 이 글의 내용 일부를 발췌해 간단히 소개하면 다음과 같다.

“자네, 몇 번 가보았나?”

“세 번 가보았네.”

“다섯 번 가보았네.”

많이 가보고 먼저 가본 것이 자랑이다.

“무엇을 보았나?”

“비행기를 보았지.”

“날던가?”

“가만히 앉았던데……?!”

물론 가만히 앉았을 것이다. 그리고 비행술도 우리 농본국에서는—아니, 어떠한 나라에서든지 확실히 정업(正業)은 아니요, 부업(副業)일 것이다. 그러나 무엇보다도 유감은 40만 관중의 눈에 먼저 띄는 것이 기껏해야 비행기 한 대에 지나지 않는 것이다.

“그다음에는 무엇을 보았나?”

“사람을 보았지.”

“길거리에서 보는 사람과 다르던가?”

“다르더군. 밥걱정 옷 걱정이 없으니까 유산태평으로 흥에 겨워 다니는 모양이 다르더군.”

(……)

“그래, 도합 얼마를 썼단 말인가?”

“한 번에 3원씩 흐지부지 달아나더군. 그래도 안 쓴 셈일세.”

“그럼 자네는 세 번에 9원을 쓰고, 또 이 사람은 다섯 번에 15원을 썼네그려.”

(……)

"그래, 구경은 그뿐이던가?"

"글쎄. 응, 참, 암치, 굴비, 복어…… 그리고 딸국나막신, 청혜…… 또 무엇이 있었던가? 응, 저 거시기도 있어!"

"무어란 말인가?"

"구두, 또 무엇이 있더라!"

이 사람은 열심으로 구경한 것을 생각해내려고 고개를 기울여가며 애를 쓴다.

"자네는 신발만 보았단 말인가?"

"아, 참 모자도 있더군. 사모(紗帽)도 있고, 갓도 있고, 실크도 있어!"

"또 무엇이 있던가?"

"마호병도 있고, 단장도 있고, 가방도 있더군."

"이건 누구를 놀리나?"

이 대화에는 공진회에 대한 냉소가 묻어 있다. 공진회를 보고 온 사람이 전시장에 볼 것이 별로 없었다면서 입장료가 아까웠다고 말하는 것이다. 조선총독부가 수많은 사람을 동원해 이목을 끌고자 노력했지만 조선인은 공진회로부터 오히려 이탈해 나갔다.

앞의 인용문에서 보듯이 이들이 기억에 남는 전시물로 꼽은 것은 비행기 외에 나막신, 굴비, 구두 같은 것이었다. '이런 것을 보려고 3원이나 하는 입장권을 구입했다'며 자조하는 조선인의 대화에서 조선총독부가 관중 동원에는 성공했으나 그들의 관심을 끌지 못했음을 확인

〈비행기가 공진회장을 방문〉,
《매일신보》 1915년 8월 24일 자

할 수 있다. 참고로 1920~1930년대에는 그 되기 힘들다는 은행원이나 교사도 월급이 20~30원 정도에 불과했다. 공진회 입장권이 3원이었으니, 공진회 구경 한 번에 월급쟁이 봉급의 10퍼센트 정도가 나간 셈이다.

그 무렵 일본에서 열리던 박람회장에도 비행기가 자주 등장해 관람객의 눈을 사로잡았다. 당시 비행기는 요즘과 달리 희귀했던데다 그 자체로 첨단 기술력을 자랑하는 최신 문물이었으므로 사람들은 누구나 비행기에 대한 '로망'을 가지고 있었다. 그래서인지 그 대단한 비행기마저 박람회 구경을 하고 싶어서 전시장 상공을 돌아다녔다는 식으로 스토리가 대충 꾸며졌고, 그러한 이야기 구성에 걸맞게 박람회 주최 측이 미리 알아서 비행대를 섭외하곤 했다.

1915년 조선물산공진회 때도 비행기가 나타났다. 조선총독부는 일본제국비행협회에 협조를 요청한 끝에 겨우 비행기 한 대의 상공 방문을 성사시킬 수 있었다. 이 비행기는 그야말로 관람객이 전시관을 돌아다니면서 품게 된 실망스러운 마음을 위로하기 위해 조선총독부가 준비한 '회심의 역작'이었다. 벼 품종 몇 종, 묘목 몇 그루, 실제 통계와 다른 내용이 적힌 도표 몇 개를 보고, 허탈한 마음으로 전시관을 나오면 느닷없이 비행기가 상공을 돌아다니는 모습이 눈에 띄었다. 조선총독부는 비행기 외에도 기생의 춤 공연을 선보여 관람객의 시선을 끌고자 했다. 기생 공연은 지방의 공진회에서도 자주 등장하는 레퍼토리였는데, 지방에서는 전시장 출구에 조그맣게 무대를 마련하고 가끔 춤을 공연하는 정도에 그쳤다. 그런데 조선총독부는 지방의 공진회와는 비교할 수 없을 정도로 많은 기생을 동원하기로 결정했다.

당국은 기생 동원 업무를 경성조선물산공진회협찬회(경성협찬회)에 맡겼다. 경성협찬회는 경성 내 조선인과 일본인 기생을 총동원하기로 하고, 기생 권번과 계약을 맺어 매일 일정한 인원을 동원하는 것으로 계획을 잡았다. 경성협찬회가 동원한 인원은 조선인 기생 200명, 일본인 기생 100명 정도였다. 경성협찬회는 공진회가 개최되는 당일 기생에게 베일을 쓰고 경성시내를 돌아다니며 큰 소리로 "공진회 구경을 오라" 하고 외치게 했다. 지금의 판촉 행사 도우미처럼 기생이 가두에서 홍보를 하고 다닌 것이다. 이렇게 한껏 꾸민 기생이 길거리 행진을 하면서 공진회 선전을 했으니, 그것만으로도 평범한 사람은 "이게 무슨 일이야?" 하며 호기심을 갖게 마련이었다.

기생은 공진회가 열리는 기간에 매일 공진회장 뒤쪽에 자리한 무대에서 춤 공연을 펼쳤다. 이 춤이 볼 만했는지, 전시관의 물품보다 더 인기가 많았다. 사실 일제는 조선물산공진회에 교묘하게 섹슈얼리티를 접목해놓았다. 조선물산공진회 주최 측은 포스터를 통해 아예 드러내놓고 기생을 조선물산공진회의 아이콘으로 내세웠다. 기생이 춤추는 모습 뒤에 공진회장이 그려져 있었던 것인데, 이는 조선물산공진회를 떠올릴 때마다 기생으로 대표되는 섹슈얼리티를 연상하도록 하는 효과를 노린 시각적 배치였다.

춤 공연 무대 주변에는 매점과 식당도 있었다. 매점과 식당 부지 사용권은 경성협찬회가 독점했으며, 일정한 단계를 거쳐 일반 상인에게 임대하는 방식으로 운영했다. 눈치 빠른 상인은 공진회 관람객이

시정 5년 기념 조선물산공진회
포스터와 입장권.
조선총독부 편,
《조선물산공진회보고서》, 1916

많을 것이라고 판단했는지 협찬회가 매점 운영자를 모집한다는 소식을 듣자마자 부리나케 달려가 신청서를 내고 운영권을 따냈다.

지금의 지방의회 의원과 그 역할이 약간 비슷했던 경성부협의회 회원인 임홍순이라는 사람은 경성시내에서 '신임상점'이라는 상호를 내걸고 모자를 팔다가 돈을 많이 들여 공진회장 안에 매점과 음식점을 냈다.[21] 이게 주효했는지 이후 그는 돈을 긁어모아 협의회원 선거에 나가기도 하고 사업도 확장했다.

상인뿐 아니라 여관업자도 공진회를 계기로 한몫 단단히 잡기 위해 혈안이었다. 아무래도 관람객의 상당수가 지방에서 동원돼 올라온 사람이다 보니 2~3일 정도 경성에서 숙박을 하지 않을 수 없었다. 그러니 당연히 여관을 잡아야 했는데, 당시 경성시내 여관 대다수는 지방의 공진회협찬회와 특약을 맺고 그 지역 관람객을 독점 유치하고 있었다. 지방에서 군 직원이나 면장을 따라 올라온 사람은 영문도 모른 채 지정된 여관으로 가서 잠자리를 해결할 수밖에 없었다.

게다가 일부 지역 협찬회는 돈에 눈이 어두운 나머지 그 지역 관람객 수에 비해 많은 여관업자와 특약을 맺어 물의를 일으켰다. 관람객이 경성으로 와보니 그들을 맞이하겠다고 나서는 여관업자가 너무 많았던 것이다. 여관업자들은 관람객 앞에서 꼴사납게 서로 멱살을 잡고 다퉜다. '내가 특약을 맺은 사람'이라고 서로 고함을 질러대며 난투극을 벌였다. 경성협찬회도 '공진회 공식 여관'을 지정해두고 그 여관에 숙박하면 일정액을 할인해주는 행사를 했다. 몰려들 시골 사람을 상대로 어떻게 하면 돈벌이를 할 수 있을까, 다들 몰두했던 것이다.

여관업자의 눈에 관람객은 그저 어수룩한 '호구'에 불과했다. 지방의 협찬회가 모집한 관람객은 관에서 받는 지원금 한 푼 없이 순전히 자기 돈으로 여비를 대야 했다. 그런 이들이 협찬회가 시키는 대로 모월 모일 모시에 모이라는 장소에 집합해 자기 돈을 쓰러 경성으로 줄지어 가는 것이다. 이렇게 해서 경성에 모여든 사람이 하루에 3000명이 넘었다. 여관업자로서는 그야말로 이런 호황이 다시 있을까 싶을 정도였다.[22]

당시에는 협찬회가 지정 여관을 두고 자기 지역 사람으로 하여금 그 여관만 사용하게 하는 관행이 퍼져 협찬회가 군청이나 면사무소와 힘을 합쳐 사람을 모집한 다음 지정 여관으로 '송출'하고 일정액의 수수료를 받는 것이 일반적이었던 것이다. 지방 관람객의 대다수는 군 직원을 따라 올라온 이들이기에 그 통제를 벗어나기가 쉽지 않았다. 일본에서 박람회가 열릴 때도 조선협찬회라는 것이 만들어지고, 그 협찬회가 도쿄나 오사카 같은 곳에 지정 여관을 두는 일이 많았다.

협찬회가 동원한 관람객을 경성 사람은 '공진회 보따리'라고 불렀다. 이 호칭에는 경멸의 뜻이 담겨 있었다.[23] 세상 물정 모르고 경성으로 끌려와 바가지를 쓰는 시골 사람이 '공진회 보따리'인 것이다. 1929년 10월 《동아일보》에는 마침 그 무렵 열리던 조선박람회를 구경하기 위해 상경한 어느 '공진회 보따리' 부녀의 에피소드를 그린 만화가 게재됐다. 조선물산공진회가 열린 지 14년이 지난 시점에 그려진 만화인지라 1910년대의 상황을 잘 묘사했는지는 알 수 없지만, 아쉬운 대로 참고가 될 만하다.

〈말괄량이 박람회 구경〉 16, 《동아일보》 1929년 10월 10일 자

〈말괄량이 박람회 구경〉 17, 《동아일보》 1929년 10월 11일 자

박람회 구경을 하기 위해 경성으로 올라온 시골 사람이 여관을 나서자 주인은 '잘 다녀오라'고 은근히 인사를 한다. 그러나 시골 사람은 자기가 묵는 여관의 위치를 정확히 알지 못한다. 잠깐 고심하던 그는 마침 여관 앞에 고양이가 앉아 있는 모습을 보고, 그 고양이를 표식 삼아 찾아오면 되겠다고 생각한다. 그런데 그의 생각과 달리 고양이는 먹이를 찾아 이곳저곳을 배회하다가 다른 여관 앞에 살짝 앉아 있다. 시골 사람은 보따리를 두고 왔다는 사실을 깨닫고 자기가 묵는 여관을 찾아 돌아갔는데, 그만 고양이가 앉아 있는 다른 여관으로 들어가고 말았다. 다른 여관 주인은 낯선 사람이 들어와 보따리를 찾자 짜증이 난 얼굴로 몇 마디 묻더니 그만 발길질을 해대며 그 '공진회 보따리'를 내쫓아버렸다.

이 만화에 등장하는 그 '보따리'는 자기가 투숙한 여관도 제대로 찾아오지 못할 만큼 어수룩하다. 경성 사람의 눈에는 눈여겨볼 만한 것 하나도 없는 조선물산공진회를 구경하겠다며 거금을 들여 몰려드는 시골 사람이 한심하게 보였을 것이다.

아마도 시골 사람은 경성에서 무슨 '공진회'를 여는데, 대단한 전시물이 진열돼 있다는 등의 감언이설에 속았을 것이다. 일제강점기 군청 직원이 하는 일이라는 게 다 그랬다. 시골 사람이 정작 공진회에 와서 구경한 것이라곤 굴비, 복어, 짚신 같은 것뿐이었다. 얼마나 허망했을까! 기생 춤 공연 한 번 본다고 뭐 대단하게 얻어 배울 것이 있을 리 없다. 조선총독부가 조선물산공진회를 통해 펼쳐 보였던 '행복한 조선의 미래상'은 한눈에 보기에도 너무 허술했다.

가정박람회에 나타난
'이상적' 주택의
이미지

조선물산공진회가 열리던 바로 그 시기에 조선총독부의 기관지라고 할 수 있는 《매일신보》를 펴내던 매일신보사는 '가정박람회'라는 행사를 동시에 따로 개최했다. 가정박람회는 일본의 일반인 가정이 생활하는 모습을 마네킹과 미니어처 같은 것으로 표현해놓고, 조선물산공진회를 보러 온 관람객에게 '이것도 한번 보라'는 식으로 호객 행위를 했던 돈벌이 행사였다.

가정박람회장은 태평로에 있던 매일신보사와 경성일보사 사옥에 있었고, 모두 다섯 개의 전시관으로 이루어졌다. 1호관은 어린이방과 공부방, 침실을 꾸며 전시한 곳이고, 2호관에는 일본인 상류 가정의 모습을 꾸며놓았다. 양로실, 주부실, 하녀실, 주방을 갖춘 일본의 문화주택은 그 나름대로 관람객의 주목을 받았다. 3호관은 전통 주택을 개량한 형태의 사랑방을 관람할 수 있게 한 곳이고, 4호관은 개량 부엌, 5호관은 조선인 상류 가정의 주택 모습을 전시한 곳이었다.

어떤 연구자는 가정박람회가 양로실과 주부실, 하녀실 그리고 부엌이 딸린 집을 이상적인 주택 모습으로 제시했다고 분석했다. 가족 수에 따라 방을 갖추었으며, 주부와 노인을 배려한 공간을 가진 집이 모던한 주거 공간으로 표상화됐다는 것이다.[24] 가정박람회는 주택 개량을 통해 편리해진 가정이 곧 유쾌한 생활을 즐기는 가정이라는 점을 보여주었다고도 했다.

일제강점기에는 서구식 또는 일본식으로 만들어진 주택을 문화주택이라고 불렀다. 문화주택은 확실히 동경의 대상이었다. 가정박람회는 이 문화주택의 모델하우스를 꾸며 보여준 행사였다. 앞에서 이미 조선물산공진회는 조선총독부가 제시하는 미래의 발전상과 일제가 조선을 지배하는 데 동원된 행정력, 나아가 전통문화를 장악한 힘을 보여준 전시 행사였다고 설명했다. 그와 같은 체제 선전의 장에서는 가정이나 주택의 모습을 속속들이 보여주는 전시장을 만들기가 쉽지 않다. 기획의 취지가 조금 다르기 때문이다. 이런 이유에서 일제는 아무래도 가정의 일상생활을 전시하는 것은 별개의 단체가 주관하는 것이 더 자연스럽다고 판단한 것 같다.

이러한 배경 아래 조선물산공진회 개최 당시 조선은행 총재 이치하라 모리히로(市原盛宏), 일본 귀족원 의원 도쿠도미 이이치로(德富猪一郎),《매일신보》사장 아베 미쓰이에(阿部充家) 등이 '가정박람회'라는 이름으로 또 하나의 전시회를 개최하게 된 것인데, 이 박람회의 개최 목적에 대해 가정박람회 명예 부총재 요시하라 사부로(吉原三郎)는

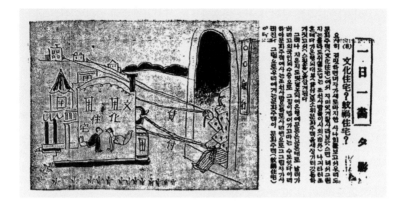

문화주택은 신혼부부에게 동경의 대상이었다. 수많은 젊은 부부가 은행에서
주택 담보 대출을 받아 문화주택을 구입하고, 그 빚을 갚느라 고통을 받았다.
만평〈만문만화 - 문화주택〉,《조선일보》1930년 4월 14일 자

이렇게 말했다.

가정은 우리 생활의 시초가 되는 근본이다. 가정은 개인의 성곽이라. 국
민의 가정생활이 적당하고 적당치 아니한 그 여부는 국가의 강약에 큰 영
향이 있음은 필연한 일이라. (……) 세계의 추세에 따라 고쳤으면 좋을 것
을 고치지 아니하고 쓸데없는 수고와 비용을 들이는 일이 확실히 있으니,
우리의 가정으로 말하면 독립한 한 채의 집이 필요하고 간수도 상당히 많
지 아니하면 안 되겠고 뜰도 웬만히 있지 아니하면 안 되겠고 부엌도 좁
아서는 못 쓰겠다는 둥 매우 조건이 많고 물도 마음대로 막 쓰면서 조금
도 생각이 없는 것과 같이 생각한다. 관람자가 깊이 자기의 머리에 가정

149

이라는 문제를 넣어가지고 연구적으로 가정박람회에 임하면 얻는 바 매우 많을 줄로 생각한다.[25]

가정박람회의 주최 측은 조선인의 생활 방식을 '구식'으로 규정하고 일본의 가정생활이 바람직하다면서 그 모델을 조선인에게 보여주고자 했다. 일본인은 조선인이 사는 평범한 집을 '필요 없는 공간이 많고 낭비적이며 개량의 여지가 많다'고 했다. 가정박람회 집행위원이었던 이완용은 이런 지적에 맞장구를 쳤다.

병합된 후 조선은 만반의 사무가 착착 진보하고 있는데, 이에 비하여 가정은 그 면목을 고치지 못하고 있다. 그나마 옛날에 비하여 다소 그 면목을 고친 것은 어느 곳의 가정에 들어가든지 적어도 유리창을 끼워서 광선을 통하여 들이고 혹은 공기가 유통하라고 창구멍을 뚫어놓지 아니한 곳이 없다는 정도이다. 나는 우리 가정에는 제일 조선 부엌의 정결치 못함은 실로 위생에 위험한 줄 알고 먼저 나의 가정에서 이 개량을 시험하기 위하여 엄중한 감독하에 여러 가지로 힘을 들이고 있다. 그래서 부득이 지금 있는 양옥집을 건축하고 식사는 요리사를 고용하여 항상 서양 음식을 먹기로 했다. (……) 조선의 가정이라는 것은 가정과 가정 사이에 내지인이라든지 서양인에 비하여 교제가 빈번하지 아니하므로 집 구조도 바꾸어야 한다.[26]

조선인이 거주하는 집은 대부분 부엌이 지저분하고 집안 전체 구조도 폐쇄적이어서 가족 간에 우애가 생기기 어렵다는 것이다. 어떤 일본인은 조선인이 문명인이 되지 못한 것은 천성이 나태하기 때문이고, 민족성이 그렇게 게을러진 것은 온돌 문화의 영향이라고 했다. 그래서인지 가정박람회에 전시된 일본식 주택 문화 견본에는 온돌이 없었다.

조선인의 집이 문명적이지 못하다는 현실이 너무 안타까웠던 것인지 이름난 친일파 이완용은 앞의 인용문에서 볼 수 있듯이 서양식 집을 짓고 평생 서양 음식만 먹기로 결심했다고 한다. 그가 정말로 평생을 오로지 서양 음식만 먹었는지는 모르겠지만, 그 정도로 전통 생활양식을 혐오했다고 하는 데서 이완용이 친일파가 되어 일제에 부역했던 이유를 짐작할 수 있겠다.

조선의 가옥이 여러 가지로 불편하고 불결하다는 지적이 있던 당시에 가정박람회 집행부는 이상적 가옥으로 문화주택을 제시하고 그 이미지를 전시물의 형태로 다음과 같이 표현했다.

- 두 칸 반가량 넓이의 부엌과 주부실(주부의 방), 양로실(노부모가 계시는 방), 시비실(侍婢室, 하녀의 숙소)이 모두 갖추어진 집
- 유리창을 통해 햇빛이 들어오는 집
- 정원이 있어 어린아이가 마음껏 뛰어놀 수 있는 집
- 깨끗한 화장실과 욕실을 갖춘 집

주부, 노부모, 자녀, 하녀를 위한 방뿐 아니라 가정 병실과 정원까

지 갖춘 이 문화주택은 일본 최상류층 부자의 집을 묘사한 것에 지나지 않았다. 가정박람회에 전시된 문화주택은 오늘날의 아파트 모델하우스와 비슷했다. 그래도 이 모델하우스를 한 번이라도 제대로 구경해보고 말겠다는 사람이 적잖았던 모양이다. 경성에 사는 상류층 사이에서는 공진회 구경은 가지 않을망정 가정박람회는 보겠다는 바람이 불었다.

가정박람회 등에서 제시된 문화주택은 서구식 가옥에다 일본의 생활양식을 섞어놓은 것이어서 조선인에게는 생소한 점이 많았다. 그런 이유에서인지 이후 서구의 주거 양식을 어떻게 하면 조선의 생활양식과 조화시킬 것인가 하는 문제가 관심사로 떠올랐다. 문화주택에 일가견이 있는 논객이라면 '생활실이라는 넓은 방을 두고 거기서 손님을 대하는 것이 구미식이지만, 우리는 생활실과 객실을 분리하고 생활실을 식당과 겸하여 쓰는 한편으로 목욕실과 지하실과 하인실은 경비를 줄이기 위해 본실과 따로 건축하는' 방식을 취하는 것이 옳다고 지적했다. 공진회가 쓸데없는 물건만 잔뜩 늘어놓았던 반면, 가정박람회는 이처럼 조선인의 응용력을 자극했다.

상품 판촉 행사로
변질된
공진회:
1923년 조선부업품공진회

다시 등장한
공진회
개최론

시정 5년 기념 조선물산공진회의 선전 효과는 그리 크지 않았던 것이 분명하다. 아무리 수많은 사람을 동원해 조선총독부의 위용을 보여주려 했어도 그것에 담긴 전시 내러티브 자체는 그다지 설득력이 없었다. 일제의 권위도 생각만큼 높아지지 못했다. 조선물산공진회가 개최된 지 불과 4년 만에 3·1운동이라는 전국적 항일 시위가 벌어진 것만 봐도 잘 알 수 있다.

1920년대에 식민지 조선 사회는 그야말로 끓어오르는 용광로 같았다. 3·1운동 이후 물산장려운동을 필두로 하여 실력양성운동이 일어났고, 사회주의 세력도 등장해 영향력을 키워가고 있었다. 이러한 시기에 조선총독부는 자국의 쌀 부족 문제를 해결하고자 산미 증식 계획이라는 이름 아래 쌀 증산 정책을 추진했다. 이 사업으로 인해 농민은 수리조합비와 화학비료 대금 등을 부담하느라 경제적으로 더욱 궁핍

해졌다. 이러한 분위기 속에서 조선농회와 조선총독부는 1923년 10월 갑자기 조선부업품공진회를 개최했다.

일제가 조선부업품공진회를 개최하겠다고 나선 데 대해 당시에도 의외라는 반응이 많았다. 1923년은 한일병탄 5주년이나 10주년같이 상징성을 지닌 해가 아니었다. 게다가 조선총독부는 치안 유지비와 산미 증식 계획에 생각보다 많은 예산을 투입하고 있어 공진회를 또 개최할 재정적 여유가 없었다. 상황이 이러했는데도 조선총독부는 1922년 초 조선 농민의 생활 안정에 도움이 되고자 한다면서 부업품공진회 개최를 결정했다고 발표했다.' 이에 대해《동아일보》는 다음과 같이 꼬집었다.

> 조선농회 주최, 총독부 알선으로 부업공진회를 10월 5일부터 20일간 경복궁 내에서 개최할 터이라 하며, 그 상세한 계획의 요령을 발표하여 본보에도 이를 보도했다. 오인(吾人)은 금번의 계획에 대하여 부업 장려의 필요는 있다고 생각하고 그 계획을 찬동한다. 그러나 농촌 진흥책의 일단으로 지난번 지방관 회의에서 처음으로 제안됐다는 점에 이르러서는 실로 당국의 천견(淺見)에 일소(一笑)하지 않을 수 없다. 농민의 생활난은 세상 사람들이 상상하는 것 이상이다. 이와 같은 피폐의 원인을 연구하고 그 방책을 세우는 것이 필요하다고 우리들은 기회가 되는 대로 절규하고 있거니와, 당국자의 대응을 살펴보면 그 근본은 고사하고 지엽에 몰두하고 있다. (……) 근본적인 문제는 돌아보지 않고 지엽의 작은 부분에 불과한 농가 부업 장려의 취지를 공진회 형식으로 보급하려 한다는 것에 이르

러서는 그 단견을 일소하는 것 외에 무엇이라고 평론할 것이 없다.²

《동아일보》의 주장은 농가 경제가 악화돼 있기 때문에 어떤 방식이든지 돌파구를 모색해야 한다는 데는 동의하지만, 부업품 같은 것을 소개하는 행사를 한 번 연다고 해서 농민 생활이 극적으로 나아진다고 보장하기는 어렵다는 것이다. 1920년대에 조선총독부는 농가 경영이 악화되고 있다는 비판이 제기될 때마다 농민이 농업에만 매달리지 말고 부업을 병행하면 그 문제가 완화될 수 있다고 했다. '농사에만 매달리지 말고 부업을 열심히 해서 돈을 벌면 다 해결된다'는 논리로 대응했던 것이다. 그러한 논리의 연장선상에서 조선총독부는 부업품을 실제로 전시해 보여주겠다면서 부업품공진회를 열었다. 어떤 부업이 있는지 보여줄 테니 와서 보고 배우라는 것이었다.

부업품공진회를 개최한다는 결정이 내려지고 얼마 지나지 않아 일본 도쿄 일대에 리히터 규모 7.9에서 8.4 사이로 추정되는 지진이 발생했다. 관동대지진이라고 일컬어지는 이 지진으로 10만 명 이상이 사망하고, 가옥과 건물 11만 채가 파괴되는 큰 피해가 발생했다는 것은 잘 알려진 사실이다. 지진이 발생하자 조선에 거주하는 일본인 중에는 애도를 표해야 한다면서 부업품공진회 개최를 미루자고 주장하는 사람이 있었다. 이러한 논란 때문에 과연 부업품공진회가 열릴 수 있겠느냐 하는 의문이 이어졌지만, 조선총독부 당국은 "관동대지진과 부업품공진회는 별개 사항이다. 지체(肢體)의 어느 한 부분에 상처가 생겼다고 해서 전 유기체의 기능을 정지할 수는 없는 노릇이다. 당국은 조선 산업의 발전을 위해 부업품공진회를 개최하고자 하며, 이를 도중에 그만둘 이유를 발견할 수 없다"라고 했다.[3] 지진과 부업품공진회 건은 별개의 사항이라는 것이다. 이처럼 조선총독부는 재조선 일본인 사회가 반대하는데도 조선의 산업 발전이 시급하다는 이유를 내세워 조선부업품공진회 개최를 밀어붙였다.

조선총독부가 정말로 부업 소개를 목적으로 한 공진회가 조선 산업 발전에 결정적 역할을 할 것으로 생각했는지는 의문이다. 하지만 최소한 일제가 부업품공진회를 통해 조선인에게 무언가 소개하고 싶은 비장의 물건이 있었던 것만은 분명해 보인다. 조선총독부와 조선농회는 이 공진회에 전시할 물건에 대해 다음과 같이 설명했다.

> 부업을 장려하며 그 보급 발달을 기도함은 조선의 현재 상태에 비추어 극도로 긴요하다. 이번 가을 경성에서 조선부업품공진회를 개최하여 부업에 관한 출품물을 수집, 전시하고 그 우열을 심사, 품평하는 동시에 일본 기타 지방에서 동일한 종류의 참고품의 출품을 청하여 상호 그 특색을 발휘하며, 각각 그 진보의 정도를 피차 비교하여 장점을 취하고 단점을 버리는 기회를 가질 수 있도록 하려는 것이다.[4]

다시 말해 일본산 부업 생산품을 전시하고, 그것들이 얼마나 우수한지 직접 볼 수 있게 하겠다는 것이다.

조선총독부는 이러한 취지를 앞세워 1923년 실제로 부업품공진회를 개최했다. 그런데 부업품공진회가 내세운 목적은 1915년 열린 조

선물산공진회 그리고 1910
년대의 지방공진회가 내세운
것과 조금 달랐다. 1910년대
지방공진회가 주로 조선총
독부의 권위를 강화하기 위
한 것이었다면, 1923년의 부
업품공진회는 식민지 조선의
악화된 경제 상황을 극복하
는 데 필요한 참고 자료를 제
공하는 데 목적이 있었다.

앞에서 이미 1910년대에
일제가 식민 지배를 정당화
하기 위해 '문명화' 담론을 유
포하고, 그에 대한 조선인의

조선부업품공진회 공식 포스터.
《매일신보》 1923년 7월 19일 자

동의를 구하기 위해 공진회를 개최했음을 언급했다. 그런데 이 행사는
기획자와 관람객 사이의 간극을 더 벌리는 결과를 가져왔고, 아이러니
하게도 그로 인해 일제는 소기의 목적을 달성하기 어려웠다. 1920년대
대다수의 조선인은 공진회를 통해 오히려 일제가 제시한 내러티브의
허구성을 잘 간파하게 됐고, 그 때문에 공진회 자체에 대한 흥미도 크
게 떨어져 있었다. 그런데 조선총독부는 이런 사실을 제대로 파악하지
못하고 농촌 경제 악화에 대한 대응책의 일환으로 다시금 공진회 개최
카드를 빼들었다.

식어버린 열기와
냉소 어린
시선

조선부업품공진회가 열린다는 소식에 조선인들은 시큰둥한 반응을 보였다. 이에 당황한 조선총독부 당국은 부업품공진회가 개최되기 훨씬 전부터 부산, 대구, 평양 역에 홍보탑을 세우고 적극적으로 선전 활동에 나섰다. 또 홍보 포스터를 만들어 일본과 타이완의 여러 지역에까지 뿌렸다.

조선부업품공진회에 전시된 물건은 직조기, 자기, 칠기, 종이, 잠사 제품, 등삼(등나무 줄기로 만든 여름옷), 고구마, 밤, 호두, 사과, 가마니, 가축 같은 것이었다. 전시 내용으로 볼 때 시정 5년 기념 조선물산공진회 때와 특별히 다르지 않았다. 그래도 전시품을 모으는 게 그리 쉽지 않았던 모양인지 부업품공진회 개최를 앞두고 당국은 각 도청에 수집 품목을 할당하고, 여의치 않으면 총독부 직원을 직접 파견해 물품을 긁어모으게 했다. 그렇게 모은 물건이 모두 합쳐 1만 1000여 점이었다.

부업품공진회는 1923년 10월 5일부터 24일까지 경복궁 내 5만 평 대지에 건설된 세 개의 전시관에서 열렸다. 전시관은 서로 다른 건물에 들어섰지만, 그 건물들은 서로 연결돼 있었다. 그중 본관 역할을 한 제1호관에서는 조선에서 농가 부업으로 생산하거나 채취한 물품, 당시 시중에서 잘 판매되지는 않았지만 앞으로 농가 부업 생산품으로 유망하다고 인정되는 물품을 주로 전시했다. 목재, 점토 제품, 금속 제품, 각종 나물, 모피 제품, 면화와 견사류, 과일과 채소 같은 것이었다.

　　제2호관은 본관 서쪽으로 연결된 건물로, 제1참고관이라고 불렸다. 이곳에는 일본 각지와 조선 각 도에서 출품된 지역 부업 생산품이 전시돼 있었다. 이 전시관은 부업품 생산이 식민지 조선보다 발전했다는 일본 각 지역을 대표하는 부업 생산품과 조선의 부업 생산품을 비교, 전시하고 조선인으로 하여금 이를 참고하여 부업 생산에 관한 아이디어를 얻어보라는 취지에서 마련한 것이었다.[5] 그러나 이곳에 진열된 물건은 생사나 면화로 만든 의류, 과일, 채소, 가축, 동물 가죽 같은 것으로, 그다지 새롭다 할 만한 물건은 없었다. 시정 5년 기념 조선물산공진회 때 전시된 물건과 비교해도 품목에 큰 차이가 없었다. 예전 물산공진회 때는 그나마 통계 자료 같은 것을 전시해 빈약한 전시장 분위기를 띄우기라도 했는데, 부업품공진회에는 그런 전시물조차 많지 않아 분위기가 썰렁하게 느껴졌다.

　　전시관에는 조선 각 도의 대표 상품을 만드는 과정을 직접 시연하는 공간도 있었다. 예를 들어 가마니 출품자가 나와서 직접 가마니 짜는 모습을 시연했던 것이다. 본관 동쪽에 있는 제2참고관(제3호관)에는

163

1923년 열린 조선부업품공진회에서 치뤄진 가마니 짜기 대회 모습.

경성직물공사, 구보다공업소, 경성직물동업조합, 조선산업무역회사, 동양염색회사 등 여러 기업체의 홍보물과 상품 판매소가 있었다. 각 회사와 기업체에서 생산하는 의류, 농기구 등을 전시했는데, 사실상 기업체의 홍보장이나 다름이 없었다. 이 전시관에서는 출품 회사에서 나온 직원이 관람객을 상대로 적극적으로 구매를 권유하기도 했다.

본관과 제1참고관에는 '간수'라고 하여 전시물의 도난 여부를 감시하고, 관람객에게 진열품을 설명해주는 도우미가 배치돼 있었다. 간수는 모두 합쳐 82명에 달했다. 한편 판매용으로 전시된 물건에 대해 공진회 주최 측은 등수를 매기고 포상을 했다. 포상은 1910년대부터 공진회라는 이름이 붙은 행사에서는 으레 하던 일이었다. 당시에는 출품자가 굳이 상을 받기 위해 안달을 부리지 않았다. 그런데 부업품공진회는 조금 달랐다. 특히 여기에 참여한 기업은 판로 개척에 관심이 컸기 때문인지 부업품공진회에서 몇 등을 했는지에 신경을 썼다. 공진회 수상 경력이 제품을 광고할 때 중요한 의미를 지니게 된 것이다.

일제는 조선부업품공진회를 열면서 예전과 마찬가지로 공진회 협찬회를 조직해 기부금을 거두어들이고, 그 협찬회에 매점 영업권을 줬다. 협찬회는 관람객을 많이 유치함으로써 매점의 수익을 극대화하고자 했다. 이를 위해서는 부업품공진회를 오늘날의 테마파크 광고처럼 꾸며서 널리 선전할 필요가 있다고 판단했다. 협찬회는 그 일환으로 남대문 주변 거리에 '루미나리에' 같은 전등 시설을 설치해 밤거리를 밝혔다. 또 회장 내 특설관에서 부업 장려 관련 내용을 담은 동영상을 상영하고, 활쏘기 대회, 시 짓기 대회, 가마니 짜기 대회, 씨름 대회를 열기도 했으며, 공진회장을 출발해 경춘가도 망우리 지점까지 달려갔다 돌아오는 마라톤 대회도 열었다. 협찬회는 이것도 모자라서 기념 표어를 공모하고, 공식 노래(창가)도 만들었다. 요즘 올림픽이 열릴 때 발표되는 공식 주제가 같은 것을 작곡한 것이다.

조선총독부는 1915년 조선물산공진회 때 했던 방식대로 시골 사람을 대규모로 동원해 관람하게 했다. 도 단위로 '시찰단'을 조직해 8000명에서 1만 명에 이르는 관람객을 경성으로 보내게 한 것이다. 도는 할당된 관람객 수를 채우기 위해 관하 부, 면에 다시 관람객 동원령을 내렸다. 일제 당국은 조선물산공진회 때와 마찬가지로 관람객 스스로 관람에 필요한 비용 일체를 부담하게 했고, 한편으로 그 비용을 마련하는 데 도움을 주겠다면서 강제 저축을 시행하기도 했다. 그렇게 해도 돈이 모자라는 사람에게는 금융조합을 통해 비용을 빌려주기까지 했다.

이처럼 적극적으로 사람을 동원했으니 당연히 공진회장은 발 디딜 틈이 없을 정도로 북적였다. 그러나 관람객은 정작 보라는 진열품 따위는 보지 않고, 협찬회가 개최한 대회나 특별 공연을 보면서 들떴다. 《동아일보》는 그 광경을 이렇게 묘사했다.

공진회의 제3일이 되는 7일은 마침 일요일이었으므로 수일간 조용하던 장내도 아침부터 밀려들어오는 입장자로 대성황을 이루었다. 특히 고양군 각 면에서 온 농군들의 '둘레패'와 광무대 미인들의 변장 입장이 있어서 매우 번화한 빛을 띠었으며, 이제야 겨우 공진회의 본색을 발휘하는 듯하였으나 진열장의 빈약함은 (……) 부득이한 일이겠으나 일반인은 매우 낙망을 하는 모양이었다. 협찬회에서는 매일 인기를 돋우려고 고심 중인데, 특히 10일경에는 연날리기 대회도 개최할 작정이라 하며 당일의 큰 구경거리로 치는 풍년춤은 그다지 성공은 하지 못한 편이었다.[6]

신문에 보도된 것과 같이 이 공진회에 진열된 물건은 정말로 보잘것 없었고, 그 물품 제조 방법을 전국에 보급한다고 해서 가난한 조선인의 살림이 극적으로 나아질 리도 없었다. 관람객도 전시관을 둘러볼 생각은 거의 하지 않았고, 그저 협찬회가 개최하는 대회나 공연을 보는 데 정신이 팔렸다.

사람들은 부업품공진회를 그저 휴일 가족 나들이에나 어울리는 행사로 받아들였다. 이렇게 공진회 행사는 조선총독부의 권위를 보여주는 행사에서 요즘의 재고 상품 판촉 행사나 어설픈 테마파크 같은 모습으로 바뀌기 시작했다. 그 당시 출간된 잡지와 신문은 조선부업품공진회의 실상을 다음과 같이 묘사했다.

공진회! 공진회! 무엇을 공진하자는 회(會)인가? 세상이 보기 싫어 드러누워 있는 사람을 장난 좋아하는 친구가 들쑤신다.
"이 사람아, 그런 것도 한번 보아두어야 하는 법이야."
"아이고, 이 사람아, 무엇을 보러 간단 말인가? 그렇지 않아도 속상하고 눈꼴사나운 일이 많은데 무슨 시원한 것을 보겠다고."
"그래도 가보아야 하네!"

하도 권하기에 따라나섰다.

광화문 앞에 당도하니 문화 정치를 선전하는 총독부의 고안인지 강화도 화문석으로 대궐 문이 울긋불긋 장식되어 있고, 수학여행 온 학생 반, 시골 양반들 반이 뒤섞여 있다. 표를 구입해서 문안에 들어서니 《매일신보》 배달부가 '급하지도 않고 보기를 원치 않는 공진회'를 호외로 박아서 돌리고 있다.

문안에 들어서니 총공비 700만 원으로 수년의 세월을 거쳐 만든 총독부 청사가 거의 준공되어 비계가 떼어져 있다. 공비만 700만 원이지 부지와 재료를 전부 사려면 일천수백만 원이 들었을 것이다. 이것을 짓는 당국자는 동양에 제일가는 관청을 지어본다고 했지만 일천수백만 민중이 살 수 없어 유리하고 있는데 관청만 동양 제일이면 다 되는가! 이 총독부 건물을 보고 어떤 시골 사람은 "아이고, 집도 굉장하다!"라고 한다.

"아, 가련한 동포여! 이 집에는 당신네의 피땀이 흐르는 줄 아시오!"

제2참고관에 들어가 보니 과자 만드는 것과 허리띠 짜는 것이 모두 일본인이 경영하는 것들이다. 유기그릇이 번쩍이는 한편에 맨발 벗은 조선 부인이 핏기 없는 얼굴과 먹사리(먹서리)를 느릿느릿 짜고 있는 모습이 가련해 보인다.

본관에 들어가니 각색 어물이 수백 종이다. 그러나 출품인을 눈여겨본 사람은 누구든지 그것이 조선인의 물건이 아니라 일본인의 물건이라는 것을 알 수 있다.

제1참고관에는 품명은 한문으로 써놓고 설명은 일본어로 되어 있다. 그것도 당연히 그렇겠지! 공진회는 조선인이 본위가 아니요, 일본인이 본위인 것이다. 그래도 무슨 얼어 죽다 남은 양심이 있던지 일본어 설명 옆에 조선문 설명도 있다. 그러나 그 조선말은 일본인의 조선말이지 정말 조선말은 아니다.

(······)

제2참고관을 나가니 산같이 쌓인 광목이 모두 일본산이요, 조선인 제품이라고는 한쪽 모퉁이에 경성방직회사 제품과 시골에서 짠 무명 몇 필이 있을 뿐이다. 금년에 물산장려운동이 일어나고 '조선 사람 조선 것'이란 표어가 있었는데 일본제 광목에다가 조선글로 '조선 사람 조선 것만 씁시다', '조선 토산이올시다'라는 표어가 박혀 있는 것에서 상인들의 심리를 엿볼 수 있다.

(······)

공진회 구경으로 본 것이 무엇인가? 얻은 것이 무엇인가? 첫째, 이 공진회가 어떤 사람의 공진회인가? 일본인의 공진회인가? 조선인의 공진회인가? 둘째, 누구를 위해 연 공진회인가? 당국자가 말함과 같이 조선인의 부업 발달을 위해 연 공진회라면 왜 상당한 설명원을 세워놓고도 모처럼 올라온 농민들이 알아듣게 설명해주지 못했는가?[7]

구구절절 정곡을 찌르는 듯한 이 글은 《개벽》에 익명으로 실린 기사의 일부다. 부업을 장려한다는 구실을 내걸고 열린 공진회지만, 실상은 일본산 상품을 파는 데 혈안이 되어 있다는 것이다.

이렇게 상품을 팔아치우겠다고 일본인이 달려든 행사에 시골에 사는 조선 사람은 뭐라도 배울 게 있을까 싶어 자기 돈을 내고 찾아왔다. 그러고 보면 판촉 행사나 다름없는 이 행사에 끌려온 시골 관람객의 신세란 처량하기 짝이 없었다. 이 불쌍한 시골 관람객의 행색을 소설가 염상섭은 다음과 같이 그렸다.

"어디 무엇 볼 게 있나! 이까짓 것을 보려고 돈을 물 쓰듯 써서 왔단 말인가!"

"쉿, 인솔인이 듣겠네."

수천의 군중이 쏟아져 나오는 진열관 앞에서 울긋불긋 단체 관람객 휘장을 붙인 갓 쓴 사람들이 수군수군댄다. 없는 돈에 이까짓 것을 보려고 왔다는 말인가, 탄식하는 것도 그럴듯한 일이어니와, 두 눈을 둥그렇게 뜨고 쉬쉬하며 말을 막는 것도 불쌍하다. 입장료 20전만 빼앗기고 배를 앓는 사람이 있으니 더 할 말 없지만, 수십 원의 여비를 끌어내어서 철도국, 여관, 음식점에 뿌려버리고 헌 옷 보따리를 짊어진 채 돌아설 때 쓸데없는 사발농사만 지었다고 후회하는 것은 당연한 일이다. 서울에는 소위 '공진회 보따리'라는 경멸 섞인 유행어가 있다.

나는 공진회 보따리라고 시골 사람들을 흉보기 전에 그들의 돌아가는 쓸쓸한 뒷모습을 마음속에 그려볼 때 미안하고 가엾은 생각이 든다. 그들 가운데에는 울며 겨자 먹기로 끌려 나선 사람도 있다. 전황으로 1년 이상 불안과 곤경에 허덕이던 재계는 수십만의 지방민을 끌어올릴 기회를 만들었다. 이러한 재계의 사정에 대하여 공연히 문외한인 나로서는 중언부언하는 게 적당하지 않으니 그만두지만, 길거리에서 비슬비슬하며 추레푸레 따라가는 촌 서방님네의 어리둥절한 얼굴을 볼 때 나는 일종의 이상한 '아이로니'를 느끼었다.

(……)

이불 속에 누워 비몽사몽간에 눈을 감고 있으려니 '프로펠라' 소리가 귀에 요란하다. 안창남이가 쳐들어온 것인가! 아이들은 "비행기! 비행기!" 하며 세상을 만난 듯이 야단이다. 오늘이 무슨 날이냐고 물으니까, 부업공진회를 여는 날이라 한다. 공진회 기분을 공중에까지 연장하려는 것이다.

어떤 물건이고 어떤 일이고 굉장히 떠들어놓고 외화(外華)가 번듯한 것을 직접 가서 보면 대개는 실망한다. 시골, 서울서 40만 민중을 들끓게 한 공진회도 그 예에서 벗어나지 않는다. 나의 본 것도 그동안 여러 친구가 본 것 이상은 못 됐다. 덜미를 밀리고 옆구리를 찔리는 바람에 수고하지 않고 쓸려 들어갔다가 몰려나왔다 한 것만은 그나마 소득이다.[8]

그의 말대로 이 공진회는 경기 불황으로 걱정하던 상인에게 하나의 돌파구를 마련해주었다. 엄청난 인파의 시골 사람이 몰려들었고, 그들이 음식점이나 여관을 가득 메웠으니 틀린 말은 아니다. 공진회는 장사꾼이나 마음 설레며 기다리는 행사였고, 경성시민에겐 주말에 어디 구경거리가 없나 해서 들르는 공연장이 됐다. 말로는 부업을 장려해서 조선인을 잘살게 하겠다고 했지만, 보고 배울 것은 없었고, 항공기 축하 비행이나 공연 같은 것만 성대하게 열렸다. 그리고 공진회장 곳곳에서 장사치는 시골 사람의 주머니를 노리며 관람객을 반기고 있었다.

1923년 조선부업품공진회로 이득을 얻어 챙긴 사람은 어떻게 하면 부업을 잘해서 가난에서 벗어날 수 있을지 고심하던 관람객이 아니다. 철도와 전차 수입 증가로 행복한 비명을 질렀던 만철회사, 경성전기회사, 관람객의 헐렁한 주머니를 털어 돈을 번 일본인 회사가 가장 큰 수익자였다. 지방에서 공진회 구경을 하겠다고 서울까지 온 사람의 대다수는 사실 동원된 사람에 지나지 않았다. 서울 사람은 공진회에 대한 흥미가 1910년대에 비해 현저하게 떨어져 있었다. 공진회를 자발적으로 찾는 관객은 공진회가 사실상 허구의 선전장에 불과하다는 사실을 제대로 알지 못하는 일부 시골 사람뿐이었다.

공진회에서
박람회로:
상품 홍보의 장이
되어버린 박람회

1926년 조선박람회,
상인 단체의 요구로
개최되다

1923년 개최된 조선부업품공진회는 경성의 자영업자, 특히 일본인 상인에게 좋은 기억으로 자리 잡았다. 앞에서 말했듯이 일제는 부업품공진회 때 각 부와 군에 관람객을 동원하도록 지시했는데, 결국 동원된 시골 사람이 한꺼번에 몰려들어 한바탕 숙박난이 벌어졌다. 당시에는 숙박할 장소만 부족한 것이 아니었다. 식당도 모자라서 음식점마다 사람들이 가득 찼고, 그로 인해 음식점 매출이 크게 올랐다. 전차 이용객도 많아져 경성에서 전차를 운영하는 경성전기의 수입도 제법 많아졌다.

전조선상업회의소연합회는 공진회가 열릴 때마다 수많은 인파가 몰려드는 것을 보고 앞으로도 공진회나 박람회를 자주 열어야겠다고 마음먹었던 것 같다. 이 단체는 일종의 경기 부양책의 하나로 공진회 또는 박람회를 개최해야 한다고 당국에 여러 차례 요구했다. 전조선상업회의소연합회가 경기진작책의 하나로 조선박람회 개최를 주창한 것은 1923년 초였다. 당시 신문에는 다음과 같은 기사가 보도됐다.

> 조선박람회를 경성에서 개최하자는 여론은 각 방면에서 일어나고 있으며, 전조선상업회의소연합회는 만장일치로 이를 요망하는 고로 총독부도 역시 조선 산업의 발흥, 조선 사정의 선전, 조선 민심의 전환 등 그 필요를 인정하고 대정 12년(1923) 예산 중에 준비비를 계상했는데, 불행히 재정 긴축 정책으로 삭감됐다. (……) 대정 14년은 경복궁 내에 신축 중인 총독부 청사도 준성되고 경성역 개축도 완성될 뿐 아니라 시정 15년이 되는 해여서 기념 박람회가 될 터이며, 시정 5년 공진회 당시의 건물도 잔존한 것이 있어 각 방면으로 편리하다.[1]

전조선상업회의소연합회가 경기 부양을 목적으로 박람회 개최를 원한 반면, 조선총독부는 정치적 이유에서 박람회를 열어야 한다고 판단했다. 조선총독부는 1925년이 시정 15주년이 되는 해인 만큼 그해에 공진회 정도가 아니라 박람회를 개최하는 것이 '조선 민심의 전환'에 여러모로 유용하다고 생각했다. 식민 지배자의 머릿속에는 '어떻게 하면 조선인의 눈을 미혹하고 별 탈 없이 식민권력을 유지할 수 있을 것인가' 하는 생각만 가득 차 있었던 것이다.

이 무렵 재계는 불황을 벗어나지 못하고 있었다. 일반 경제계의 불황과 금융 긴축으로 사업 성적이 심히 부진했다.[2] 이러한 상황에서 전조선상업회의소연합회는 1923년 5월 17일 총회를 열어 경기 진흥책을 논의했는데, 그 대책의 하나로 조선박람회 개최를 촉구하기로 결정했다. 박람회가 개최되면 조선물산공진회와 조선부업품공진회 때처럼 시골 사람이 경성으로 많이 몰려들 것이고, 그러면 그들을 상대로 한 장사도 꽤나 잘될 것이라고 예상한 것이다.

조선총독부는 이 제안을 즉각 받아들여 박람회 개최 준비에 들어가기로 했다. 재조선 일본인 사회는 크게 환영하면서 박람회 개최로 얻을 손익 계산에 분주해졌다. 경기가 회복될 절호의 기회라느니, '조선 산업 개발'의 계기가 될 것이라느니 하는 반응이 많았다.[3] 그러나 상황은 그들이 바라는 대로 돌아가지 않았다.

1920년대 일본에서는 헌정회, 입헌정우회, 혁신구락부의 이른바 '호헌(護憲) 3파'가 조직한 가토 다카아키(加藤高明) 내각이 등장해 재정 긴축 방침을 표명하고 있었다. 가토 내각은 조선총독부 특별회계 예산에 투입하는 보충금을 대폭 삭감하기로 하고 조선총독부로 이월해주던 보충금 규모의 3분의 1에 해당하는 500만 엔을 감액해버렸다.[4] 이러한 경향은 1923년 9월 관동대지진으로 일본 정부 예산의 상당 부분이 복구 사업에 투입됨으로써 돌이킬 수 없는 흐름이 됐다.

조선박람회 준비에 투입될 예산도 삭감됐다. 이에 전조선상업회의소연합회는 일본 정계의 인맥을 동원해 일본 정부가 조선박람회 예산을 삭감한 것에 항의를 제기하고, 언론을 통해서는 조선의 산업 문제를 일본 정부가 너무 무시하는 게 아니냐며 목소리를 높였다. 전조선상업회의소연합회는 일본이 식민지 조선의 산업에 신경을 쓰지 않는다면서 발언 기회가 있을 때마다 지적하곤 했는데, 조선총독부 관료도 그 발언을 공개적으로 지지하곤 했다.

이를 두고 어떤 연구자는 조선총독부의 관료와 조선에 거주하는 일본인이 본국 사람과 다른 정체성을 가지고 있었고, 그것이 조선박람회 개최를 요구한 이유가 아니었을까 생각하기도 한다. 다시 말해 식민지 조선에 거주하는 사람이라는 정체성을 가지고 있었기 때문에 일본 본국에 '조선 개발'에 관한 재정 투입을 과감히 요구할 수 있었다는 것이다. 물론 그런 개연성도 충분히 있다고 볼 수 있다. 그러나 그들이 '조선의 산업 개발' 운운한 것은 '조선의 개발'을 명분으로 시행되는 사업에 자신들의 이권이 걸려 있었기 때문이라고 보는 것이 더 맞을 듯하다.

박람회는 앞에서도 누차 말했듯이 그 규모뿐 아니라 전시물의 수준도 상당한 행사다. 그래서 조선총독부는 조선물산공진회를 차마 박람회라고 부를 수 없다고 했다. 그런데 재조선 일본인은 식민 지배로 인해 조선이 문명국으로 변모했다고 주장하면서 '이제는 공진회가 아니라, 당당하게 박람회를 열어야 한다'고 주장했다.

이러한 분위기 속에서 전조선상업회의소연합회는 1923년 조선총독부 당국에 조선박람회 개최를 정식으로 요구했다. 또 박람회를 개최하면 가라앉았던 경기도 곧 진작될 것이라고 주장했다. 전조선상업회의소연합회는 조선물산공진회 때 수많은 사람이 경성에 올라왔던 기억을 떠올리면서 그 공진회보다 더 성대한 박람회를 열면 경성, 나아가 조선 전체의 상업 경기가 아주 들끓어오를 것이라고 자신했던 것이다.

조선총독부는 이 요구를 외면할 수 없었던 것 같다. 아무리 긴축 재정이라고 해도 박람회 하나쯤 열 여력은 있다고 판단한 총독부는 애초 계획을 변경해 1926년 조선박람회를 개최하기로 결정했다. 그리고 그 경비를 예산에 계상하기로 하고 일본제국의회에 비용 200만 원을 요청했다. 또 박람회 주최에 대한 제반 사항을 조선신문사에 맡겼다.

사실 1926년의 조선박람회는 개최 자체가 무산될 뻔했다. 앞에서 언급했듯이 일본 정부의 긴축 재정 방침으로 예산 배당이 거부됐던 것이다. 우여곡절 끝에 1926년 5월 박람회 개최는 확정됐지만, 그 직전인 4월에 순종이 사망하는 일이 벌어졌다. 순종이 죽자 일각에서는 박람회를 연기해야 한다고 주장하는 등 논란이 일었다. 그러나 주최 측은 어느 한 개인이 사망했다고 예정된 행사를 취소하는 것은 바람직하지 않다면서 조선박람회를 예정대로 열기로 했다.

우여곡절 끝에 1926년 5월 13일에 조선신문사가 주관하는 조선박람회가 개최됐다. 개회식은 꽤 성대했다. 《동아일보》는 이 박람회의 개회식을 다음과 같이 보도했다.

조선박람회는 금일 개회될 것인데, 당일 오전 11시에 경복궁 안 경회루에서 수천여 명이 모여서 사이토 총독과 박영효 후작 임장하에 발회식을 거행할 것이다. 오후 1시부터 일반에 공개할 것이며, 그보다 먼저 라디오로 개회사와 취지 설명이 있을 것이다. 당일 평양 항공대에서 비행기 여덟 대가 경성에 도착하여 '축 조선박람회'라고 쓴 오색 선전 삐라 5만 장

1926년 조선박람회 개최 당시 신문 광고에 등장한 도정기.
박람회는 상업회의소 회원사의 상품 광고 전시 행사에 지나지 않았다.
《동아일보》 1926년 6월 13일 자

을 뿌리며 경성 상공을 돌아다닐 것이며, 일반인에게는 화포로 개회를 알
릴 예정이다.[5]

박람회 전시장은 예전의 공진회 때와 달리 세 군데로 분산돼 있었
다. 제1전시장은 남산 왜성대에 있었고, 제2전시장은 경복궁, 제3전시
장은 용산역 앞에 있었다. 왜성대전시관에는 조선물산공진회 때의 전
시관과 비슷한 내용의 산업관과 1915년에 열린 매일신보사 주최 가정
박람회 때와 유사한 가정관, 교육 현황 관련 선전장인 교육관 등과 경
성권번 소속 기생의 공연장이 있었다. 경복궁 제2전시장에는 기계관

과 전기관이라 하여 공진회에는 잘 등장하지 않았던 도정기 등의 농업 관련 기계가 전시됐다. 제2전시장에도 기생 공연장이 있었다. 이곳의 공연장은 조금 규모가 커서 경성에 있던 조선 기생 권번 다섯 곳이 총출동하여 매일 공연을 펼쳤다.

용산역 앞에 위치한 제3전시장에는 '수해부흥박람회'라고 별도의 이름이 붙은 전시장이 있었다. 이곳에서는 1925년 전국을 휩쓴 을축년 대홍수 당시의 피해상과 그 복구 현황 자료를 주로 전시했다. 이외에도 제3전시장에는 용산 주둔 일본군의 위용을 자랑하는 자료를 전시한 육군관 등이 있었다.

조선박람회의 전시장은 그 이름만 들으면 규모가 상당했을 것 같지만, 실상은 그렇지 않았다. 개회 한 달 전까지만 해도 순종의 죽음으로 박람회를 연기한다, 만다 하는 논란이 있었기 때문에 전시 준비가 제대로 이루어지지 못했다. 개회 당일에도 어떤 전시장은 전시물을 진열하지 못했고, 서커스나 기생 춤 같은 공연만 진행했다.

이처럼 전시 준비는 순조롭지 못했지만 관람객은 상당히 많았다. 이때도 물론 협찬회가 지역별로 꾸려졌고, 그 조직을 통해 관람객을 모아 올려 보내는 일이 재연됐다. 조선총독부 철도국은 열차를 증편해서 관람객을 실어 날랐다. 사실 조선박람회는 전조선상업회의소연합회 소속 기업체의 상품 광고 전시 행사에 불과했다. 그런데도 조선총독부는 온갖 영향력을 동원해서 공진회 때와 같은 방식으로 관람객을 모아 대주고 협찬회까지 꾸려서 행사 진행 비용을 조달하는 데 불편함이 없도록 뒤를 봐주었다.

지방 각지에서 단체 관람객이 경성으로 모여들자 경성의 여관업자는 이 대목을 놓치지 않으려 애썼다. 조선박람회 협찬회는 경성을 남부와 북부로 나누고 각 구역에 여관을 지정한 다음 손님을 보내주는 대가로 35원씩을 요구했다. 그런데 북부의 여관업자는 너무 많은 돈을 요구하는 게 아니냐며 이를 거부했고, 남부의 여관업자를 대표하는 남부여관조합은 이를 받아들였다. 박람회 사무소는 지방에서 올라오는 단체 관람객을 각 여관으로 연결해주는 업무도 보았는데, 돈을 내지 않은 북부의 여관업자에게 보복을 하려 했던 것인지 북부의 여관에도 손님을 배당하고 맞을 준비를 하라고는 했으나 실제로는 손님을 모두 남부의 여관으로 보내버렸다.

화가 난 북부의 여관업자는 아예 경성역 앞에 죽치고 앉아 있다가 단체 관람객이 도착하면 자기네 여관으로 호객해 들였다. 이 사실을 안 남부의 여관업자 역시 경성역으로 몰려갔고, 급기야 두 패 사이에 난투극까지 벌어지고 말았다.

지방 관람객이 경성으로 몰려들자 음식점이나 잡화상까지 모두 돈을 벌 생각에 들떴는데, 흥미롭게도 이 기회를 이용해 돈을 좀 모아보자고 몰려든 소매치기도 전례 없이 많았다. 조선 각지의 소매치기단뿐 아니라 일본 오사카의 소매치기 조직도 경성으로 몰려들었다. 25일간 열린 박람회 기간 중에 50여 건의 소매치기 피해 사례가 신고, 접수됐고, 소매치기 검거 건수도 47건에 이르렀다. 미아도 많이 발생해 졸지에 고아가 된 어린아이가 많았다. 그만큼 회장 안에 사람이 많았다는 것인데, 이들은 부업품공진회 때와 마찬가지로 전시물보다 공연이나 특별 행사에 더 관심을 보였다. 협찬회는 회장 안에서 서커스 공연을 열고, 임시 동물원도 개장했다. 또 마술쇼도 벌였다. 이처럼 다채로운 행사가 열리다 보니 입장객도 많았는데, 총 66만여 명이 회장을 찾은 것으로 집계됐다.

1926년 조선박람회는 침체된 경기를 살리고 돈을 벌어보겠다는 상업회의소의 의도 아래 기획된 행사였다. 이름은 박람회였지만, 전시물은 공진회 때와 비교해 특별히 나은 것이 없었다. 쌀 도정기 같은 기계가 몇 개 출품되기는 했지만, 인류의 기술 진보를 전시한다는 해외여러 나라의 박람회 취지에 비추어볼 때 그다지 대단한 것은 아니었다. 그리고 지방에서 동원된 관람객이 많았던 것도 공진회 때와 같았다. 그들을 노리고 모여든 소매치기, 도둑도 많았고, 업자 사이에 분쟁도 끊이지 않았다. 이처럼 박람회는 수많은 사고와 이권 다툼이 벌어지는 아수라장에 다름 아니었다.

1929년 조선박람회,
  상품 홍보장으로
떠오르다

일본인 업자의 박람회 개최 요구

조선박람회가 끝난 지 몇 달 지나지 않은 시점에 매일신보사와 경성일
보사는 일본 도쿄에서 조선박람회를 개최하겠다고 선언했다. 갑작스
럽고 다소 뜬금없는 이 결정에 상당수 조선인이 의아하게 생각했지만,
매일신보사는 다음과 같이 그 이유를 밝혔다.

> 총독 정치 이전과 현재는 문물제도는 면모를 일신했다. 이는 총독부가 통
> 치에 고심한 결과임은 물론이나 일면 민간 유력자가 총독 정치에 공헌하
> 여 반도의 개발에 노력한 공적도 역시 다대한 것이다. 반도가 현재의 발
> 달을 보게 된 것은 실로 관민일치의 힘에 있는 것이다. (……) 이 박람회는
> 실질을 주로 하고 민중적인 것을 본위로 하여 반도 전반을 제국 수도의
> 사람들에게 소개하여 반도 기분을 감미(感味)하게 하려는 것이다.[6]

1927년 도쿄에서 개최된 조선박람회의
전시장으로 사용된 일본 국기관 기사.
《매일신보》1927년 5월 29일 자

다시 말해 조선총독부의 시정 덕분에 식민지 조선이 크게 발전했는데, 그 발전상을 도쿄 주민에게도 알리고 싶다는 것이다. 그런데 조선의 발전상을 어떻게 일본인에게 보여주겠다는 것이었을까?

매일신보사의 발표에 따르면 도쿄 조선박람회는 조선총독부의 정책을 선전하는 행사인 것 같아 보이지만, 실제로는 '민중적인 것을 위주로' 전시장을 꾸몄다. 즉 순전히 정책 홍보장만은 아니었다는 것을 알 수 있다. 사실 도쿄 조선박람회는 조선산 상품을 일본인에게 소개하기 위해 기획된 것으로, 조선 상품 판촉 행사에 불과했다.

이렇듯 1920년대 후반부터는 상인이나 기업체가 상품 홍보의 일환으로 박람회를 열겠다고 나서는 일이 많았다. 이렇게 상품 홍보의 의미가 강해짐에 따라 '공진회'라는 명칭은 사라지고 과거 공진회와 비슷한 전시 행사에는 모조리 '박람회'라는 이름이 붙기 시작했다.

매일신보사가 도쿄에서 조선박람회를 열겠다는 계획을 구상할 때 조선공업협회도 공업 경기 진작을 위해 박람회가 필요하다면서 조선총독부에 조선박람회를 열 수 있게 해달라고 요구했다. 《동아일보》는 이 사실을 다음과 같이 보도했다.

내후년에 조선박람회를 개최하는 것이 좋겠다고 조선공업협회가 총독부에 제안했던바 당국에서도 여러 가지 의미가 있다고 하여 100만 원 예산을 세워가지고 계획할 의향이라는데, 회장은 경복궁 내로 하리라 하며, 총 경비는 250만 원이 될 것 같다고 한다.[7]

조선공업협회는 1927년 2월 공업 발전의 방도를 모색하자면서 조선공업자대회를 개최하여 공업 진흥책에 대해 논의했다. 이 대회에서는 '조선총독부에서 산업 제일주의를 고창하고 산미 증식, 치산치수, 철도망 완성 등에 점차 일보를 내딛고 있지만, 공업 진흥에 대해서는 신경을 쓰지 않고 있다'는 성토가 터져 나왔다. 조선총독부가 너무 공업을 등한시한다는 불만과 함께 일각에서는 공업 진흥을 위해 조선박람회를 개최해야 한다고 목소리를 높였다.[8] 재조선 일본인이 이처럼 조선총독부에 볼멘소리를 하고 나선 데는 그 나름의 이유가 있기는 했다.

1920년대 재조선 일본인 사회가 경제 불황으로 근심에 빠져 있었다는 것은 앞에서 이미 설명했다. 돈벌이가 잘 되지 않는다고 일본인이 아우성을 치는 가운데, 일본인 토목 청부업자는 조선총독부와 일본 정부를 상대로 조직적 로비에 들어갔다. 식민지 조선에서 어떤 명목이든 사업을 벌여달라는 것이었다. 개발 사업이 시행되기만 하면 그 분위기를 타고 최소한 떡고물이라도 얻어먹을 수 있으리라 생각했던 것이다.

토목 청부업자의 이익단체인 조선토목건축협회는 식민지 조선에 치산치수 사업이 필요하다고 지적하는 사람이 있다는 사실을 인지하고, 일본 정부 요인을 상대로 조선에 치산치수 사업을 실시해달라고 설득하기 시작했다. 조선토목건축협회 이사였던 와타나베 사다이치로는 조선에 '철도 노선을 더 늘려야 한다', '14대 하천을 중심으로 치수 사업을 실시해야 한다'는 등의 요구안을 만들어놓고 '조선 척식 계획'이라는 제목을 붙여 조선총독부와 일본제국의회 대의사(의원)에게 돌렸다.

와타나베는 가시마 구미(鹿島組)라는 토목 회사의 사원으로, 경의선 철도 공사 일을 하다가 독립해서 토목 청부업체 황해사를 설립한 인물이다. 그는 한동안 각종 토목 공사로 돈을 벌더니 어느새 경성상업회의소 회두가 됐고, 재조선 일본인 사회에서도 유명 인사가 되어 행세하기 시작했다. 그의 영향력은 일본 정계에도 미쳤다. 마침 그와 동업 관계에 있던 마쓰야마 쓰네지로가 입헌정우회 소속 제국의회 대의사로 활동하고 있었는데, 마쓰야마는 황해도 어느 일본인 농장에 지배인으로 왔다가 와타나베와 친해져 동업을 하게 됐다. 세간에는 마쓰야마가 그저 와타나베의 '바지 사장'일 뿐이라는 평이 많았다. 어찌 됐건 마쓰야마는 1920년 이후 제국의회 대의사로 계속 당선돼 정계 중진으로 자리를 잡았고, 중일전쟁 때는 해군 정무차관으로 있으면서 침략 전쟁을 진두지휘하기도 했다.

마쓰야마뿐 아니라 마키야마 고조(牧山耕藏)라는 인물도 일본제국의회 대의사로 활동하고 있었다. 마키야마 고조는 재조선 일본인을 상대로 《조선공론(朝鮮公論)》이라는 잡지를 발행하기도 했다. 그는 1917년 나가사키에서 출마하여 대의사에 당선된 이후 1920년대 내내 대의사를 지냈다.

와타나베, 마쓰야마, 마키야마 3인은 모두 토목업 또는 토목업자로부터 광고비를 받아 부를 축적했고, 식민지 조선의 '산업 개발'을 목청껏 부르짖으며 돈벌이 기회가 생기기만을 바랐다. 재조선 일본인 사회는 이들을 중심으로 조선총독부에 대규모 개발 사업 발주를 요구했다. 조선총독부가 예산 문제로 난색을 표하자, 아예 '조선 철도 12개년 계획'과 '치수 계획'을 내용으로 한 '조선 척식 계획'을 만들어 일본 정부에 제출했다. 이들의 로비가 먹힌 것인지 일본 정부는 1926년 일본 제국의회 본회의에 이 계획을 제출한 후 아예 도쿄에 로비 본부를 만들어놓고 대의사를 일대일로 접촉하여 의회 통과를 관철했다.[9] 마침내 이 안이 통과돼 1927년부터 12년 동안 도문선, 만포선, 혜산선 등의 철도 건설에 3억 2000만 엔을 투입하기로 확정됐다.

'하천 개수 사업'이라는 이름 아래 치수 사업도 시작됐다. 1925년 여름에 발생한 대홍수(을축년 대홍수)로 한강, 낙동강, 대동강 등 주요 하천의 제방이 무너지고 인명 피해도 발생했는데, 이를 계기로 재조선 일본인은 하천 개수 사업을 벌일 때가 됐다고 입을 모았다. 일본 정부는 그 움직임을 알아차리고는 와타나베 등이 주장하는 하천 개수 사업을 실시하겠다고 했던 것이다.

이 두 사업은 경기가 침체됐다고 불만이던 재조선 일본인에게 크게 환영을 받았다. 내외사정사(內外事情社)라는 언론사의 야나가와 쓰토무(柳川勉)는 당시 토목 청부업계의 분위기를 다음과 같이 전했다.

두 번 다시 놓칠 수 없는 절호의 기회가 왔다. 그동안 불경기가 계속돼 산미 증식 계획이 실시된 이후 2년째까지는 좀처럼 윤택하지 않았다. (……) 이번에 조선 철도망안(鐵道網案)은 다행히 성공하여 의회도 어려움 없이 패스할 수 있었다. 예전 철도 사업비 중 아직 완료되지 않은 것이 9000만 엔이고 이번에 새로이 3억 1000만 엔이라는 돈이 추가됐다. 즉 모두 4억

엔이라는 큰돈이 향후 12개년 동안 지출되는 것이다.[10]

야나가와가 "두 번 다시 놓칠 수 없는 절호의 기회"라고 표현했듯이 재조선 일본인 사회는 기대감에 부풀어 있었다. 그러나 이 개발 사업으로 돈벌이에 접근할 수 있는 사람은 토목 청부업자나 그들과 사업연을 맺은 일부 자영업자에 국한됐다.

조선공업협회는 바로 이렇게 자신들만 쏙 빼놓고 벌어지던 잔치판에 불만을 품고 있었다. 하지만 따지고 보면 조선공업협회 회원 개개인의 사업 환경이 나빴다고는 할 수 없다. 경기도 소재 공장의 경우 1927년 생산액이 1억 6600만 원에 달했는데, 이는 1916년도에 비해 네 배나 증가한 것이었다. 조선 공업계에서 가장 중요한 위치를 점하던 일본인 공업 회사는 방적업, 양조업 같은 부문에 종사했는데, 이 부문 공산품에 대한 1925년경의 전 조선 소비액은 4억 3700만 원으로 상당한 액수에 달했다. 그나마 조선 내 공장의 생산이 소비를 따라가지 못해 일본에서 수입하는 공산품도 1920년대 중반 1억 6000만 원에 달하는 실정이었다. 일본인 공장의 사정은 이처럼 조선인의 그것보다 좋은 편이었다. 그런데도 조선공업협회는 '왜 우리만 빼놓고 다른 부문에 돈을 투입하는 것이냐'는 식으로 짜증을 냈다. '치산치수, 철도망 완성 등에 일보 전진함은 흔쾌한 일이지만, 공업 진흥에 대해서는 무심하게 내버려두고, 조장 또는 장려 정책은 심히 빈약하다'는 게 그들의 지적이었다.[11]

일본인 공업 종사자의 희망은 비교적 단순했다. 공산품 중심으로 박람회를 개최해 공업 제품에 대한 일반의 수요를 어떻게든 진작해보 겠다는 것이었다. 그러나 재조선 일본인 사회의 여론이 조선공업협회 를 중심으로 형성되는 게 아니어서 아무래도 공산품에 국한된 박람회 를 지지하는 목소리는 약해 보였다. 이러한 상황에서 갑자기 경성상업 회의소가 박람회 개최에 찬성하고 나섰다. 경성상업회의소는 1926년 개최된 조선박람회로 다소 재미를 본 경험을 되살려 박람회 개최가 이 득이라고 판단했다. 그리하여 '시정 20년'이 다가오는 만큼 '시정 20년 기념 조선박람회'를 개최하는 것이 마땅하다는 논리로 박람회 개최를 지지했다.[12]

이른바 '시정 20년 기념 조선박람회'는 조선총독부로서도 귀가 솔 깃할 만한 조선공업협회, 경성상업회의소, 일본인 상인과 유력자가 모 두 달려들어 조선박람회를 개최하자고 하는데다 '시정 20년 기념'이라 는 명분까지 생겼으니 총독부가 박람회 개최를 마다할 이유가 없었던 것이다. 조선인 신문사는 이렇게 돌아가는 판을 보면서 "얼마나 광고 에 능한 정치인가 간취할 수 있다"라며 조선총독부의 박람회 개최 계 획을 대놓고 비웃었다.[13]

동원된 '손님'

조선박람회의 대체적인 개최 계획은 이듬해인 1928년 5월 그 윤곽이 드러났다. 총독부는 1929년 9월 12일부터 10월 31일까지 경복궁 일원 에서 박람회를 개최하기로 하고, 그 경비를 132만 원으로 계상했다. 그 중 80만 원만 총독부 특별회계에서 지출하고 나머지는 조선물산공진회 때와 동일하게 각 도에 조선박람회협찬회를 구성해 기부금을 거두는 식으로 조달하기로 했다.

1929년 열린 이 박람회는 기존의 공진회, 1926년 조선박람회와 마찬가지로 군중을 동원해 총독부와 재조선 일본인 사업가가 늘어놓고 싶은 내러티브를 일방적으로 주입할 목적으로 기획된 행사였다. 하지만 사실 재조선 일본인은 그러한 내러티브에 관심이 없었다. 이 행사를 계기로 상경하게 될 시골 사람에게 물건을 팔고, 그들로부터 어떻게든 돈을 끌어 모을 수 있으리라는 것이 그들이 박람회에 거는 기대였다. 물론 조선공업협회 등은 박람회를 통해 자기들이 만든 물건을 홍보하고 얼마간 그것을 팔 수 있을 것으로 예상하기도 했다.

어찌 됐건 대체적인 계획을 수립한 총독부는 곧바로 조선박람회 개설준비위원회를 꾸리고 전시품 모집과 진열, 관람객 동원 등에 관한 계획 입안에 들어갔다. 그런데 전시물 수집과 행정기구를 통해 관람객을 동원하는 작업은 조선물산공진회, 부업품공진회, 1926년 조선박람회 때 이미 해본 적이 있었다. 일제는 그 경험을 1929년 조선박람회에도 그대로 되살려 적용했다. 조선박람회도 사실상 예전의 공진회와 동일한 방식으로 준비된 것이다.

일제는 1928년 5월 경복궁 내에 박람회사무국을 개설하고, 뒤이어 8월에는 조선박람회경성협찬회를 조직하는 등 순조롭게 정해진 작업 순서를 밟아 나갔다. 조선박람회경성협찬회는 체신국, 경성부청, 경성중앙전화국, 각 신문사와 은행에 직원을 파견해 광고와 기부금 모금 활동을 시작했다. 또 박람회 기념 그림엽서를 만든다거나, 매달 12일에 경성 내 기생이나 청년단 조직을 동원해 제등 행사를 개최하는 등 선전 활동을 벌였다. 경성협찬회는 당시로서는 너무나 '모던'했던 마네킹 걸도 동원해 판촉 행사를 벌이듯 박람회를 선전했다.

마네킹 걸은 온갖 분장을 하고 정해진 곳에 미동도 하지 않고 서 있는 일종의 홍보 모델이다. 당시 마네킹 걸은 조선은행 앞 광장에 배치됐는데, 연기하는 모습이 어찌나 신기하던지 대단히 큰 인기를 끌었다. 사람들은 마네킹 걸 주위에 장사진을 치고 정신을 빼앗긴 듯 그 신기한 모습을 구경하느라 시간 가는 줄을 몰랐다.

식민 당국은 과거와 같은 방식으로 박람회 관객을 모았다. 각 부와 군에 관람객을 의무적으로 동원하도록 지시한 것이다. 조선박람회준비위원회는 지역마다 협찬회를 만들게 하고, 그 협찬회에 동원해야 할 관람객 수를 각각 할당했다.

조선물산공진회와 1926년 조선박람회 때도 금융조합을 통해 박람회 관람 비용을 융자해주거나 관람객으로 하여금 강제로 저금하도록 하는 조치가 취해졌는데, 1929년 박람회 때도 예외는 아니었다. 《동아일보》는 1929년 9월 18일 자 논설에서 '박람회 관람객에게 금융조합과 기타 금융기관이 고리대금을 하면서까지 상경을 권유한다'면서 '현재 조선의 농촌 경제 상태로 보아 중산 계급 이하가 고등한 향락을 추구하는 것은 문제이며, 그들은 생활에 여유도 없다'고 일갈했다. 조선총독부가 가난한 조선인의 고단한 삶에는 관심을 두지 않고 그저 관람객 동원에만 혈안이라고 비판한 것이다.

무리한 관람객 동원으로 언론의 질타를 받는 가운데 조선총독부는 조선박람회 개최 이전에 이미 30만 명에 달하는 박람회 관람단을 각 지방에 조직해놓고 있었다. 총독부와 조선박람회협찬회는 일본 본토에도 입장권을 뿌려댔다. 조선박람회에 일본인을 유치하겠다면서 무료입장권을 뿌리는 것에 대해 일제 당국은 이른바 조선총독부의 '시정 효과'를 일본 본토 주민에게 확인시키기 위함이라고 둘러댔다. 그러나 일제가 일본인까지 관람객으로 끌어들인 이유는 누가 봐도 명확해 보였다. 일본인을 조금이라도 유치해서 재조선 일본인 상인이나 기업체가 상품을 팔아치울 상대를 늘려보겠다는 것이었다.

박람회를 계기로 수많은 사람이 경성으로 몰려들 것이라는 예상에 재조선 일본인 사회는 술렁이기 시작했다. 일본인은 1915년 조선총독부가 식민 지배 합리화와 정책 선전을 위해 개최한 조선물산공진회 당시 수많은 인파가 몰려들었던 광경을 보았고, 그때부터 공진회와 박람회 행사에 완전히 매료됐다. 공진회나 박람회가 열릴 때마다 조선총독부가 관람객 동원에 혈안이 되어 시골 '보따리'를 끌어 모으는 광경에 '감명'을 받은 것이다. 그들은 박람회나 공진회가 개최되기만 하면 조선총독부가 알아서 조선인을 대거 경성으로 동원할 것이라고 생각했다. 당연히 공진회 '보따리'를 상대로 한 장사도 흥할 것이라고 판단했다. 그러니 그들이 조선박람회 개최에 얼마나 많은 공을 들였을지 짐작하고도 남음이 있다. 애당초 공진회나 박람회는 일제 당국이 식민 정책 선전을 위해 개최한 것이었지만, 이처럼 어느 순간부터 일본인의 돈벌이 기회로 그 성격이 바뀌어가고 있었다.

이러한 분위기에 편승해 공진회 때와 같이 조선박람회협찬회는 지정 여관제를 실시했다. 일정한 기부금을 내는 여관을 공식 업체로 지정한 것이다. 상점들도 저마다 곧 몰려들 손님에게 그동안 쌓였던 재고 상품을 다 팔아치우겠다면서 상품 진열에 몰두했다. 협찬회는 이런 업자에게 동조하느라 여념이 없었다. 신문에 박람회 광고를 내기도 하고, 협찬회 차원에서 조직적으로 보통학교(초등학교) 학부형을 찾아다니며 "조선박람회를 안 보면 사람으로서 수치이니 얼른 여비를 준비해 구경 다녀오라. 만일 돈이 없다면 금융조합이나 전당포에서 돈을 빌려도 된다"라는 내용의 권고장을 배포하기도 했다. 그야말로 염치를 돌아보지 않고 박람회 광고에 온 힘을 쏟은 셈이다. 《조선일보》는 1929년 6월 8일 자 기사에서 이러한 세태를 다음과 같이 꼬집었다.

박람회다, 박람회다. 이때를 놓치면 큰 병폐다! 30만 서울에는 100만, 200만 명이 몰려든다. 여관업이다, 음식점이다, 평양에서는 기생들이 총동원되어 경성에 원정을 온단다. 술장사, 밥장사, 계집장사! 협심패! 날랑패! 등등 이렇게 아직도 석 달이나 남은 박람회를 둘러싸고 야단법석이다. 이번 박람회에 경성을 가면 그 괴상한 요지경이라는 것을 사 가지고 오겠다. 이번에 가면 '모던 걸'이니 '모던 보이'니 하도 떠들어대니 그것도 구경해야겠다! '뻐스'라나 버선차라나 그것도 도대체 무엇인지 보아야 하겠다! (……) 이렇게 시골, 경성 할 것 없이 박람회만 열리면 무슨 큰 수가 날 것처럼 뒤범벅이 되어 펄쩍 떠든다. 집 팔아, 논 팔아, 박람회를 이용하여 돈을 벌려는 사람들. 한 달 동안에 거부가 되어 살아볼 꿈을 꾸는 사람! 몰

조선박람회(1929)를 찾은 관람객이 줄지어 입장을 기다리는 모습.
조선총독부 편,《조선박람회기념사진첩》, 1930, 209쪽

려오는 제2차 공진회 보따리의 눈물에 젖은 돈을 노리고 있는 무리들. 요란한 경성의 그 두 달이 지난 뒤에 비명이 그들의 입에서 터져 나오지 않으리라는 것을 그 누가 보증하랴!

이 기사에서 알 수 있듯이 세상 돌아가는 상황을 잘 아는 조선인이라면 이 박람회가 곧 시골 사람의 피땀 어린 돈을 갈취하고자 일본인이 교묘하게 기획한 행사라는 것을 알고 있었다. 박람회에 다녀오면 갑자기 대단한 인생의 변화라도 올 것처럼 일제는 떠들어대지만 사실 조선인의 주머니를 노리는 속셈임을 세상물정 좀 안다 하는 사람이라면 모를 리가 없었다.

이렇게 조선인 사이에 비판적 시각이 존재했지만, 일본인은 전혀 아랑곳하지 않았다. 그들은 과거 공진회 때 톡톡히 누린 성과에 취한 것인지 조선박람회를 앞두고 너무나 기대에 들떠 있었다. 조선에 거점을 둔 일본 언론은 박람회협찬회를 통해 무려 30만 명의 지방 관람객이 확보됐다고 연일 보도했고, 그들이 모두 경성에 올라와서 돈을 마구 뿌려댈 것이라고 분석했다. 그러나 박람회가 열린 직후 일제의 이와 같은 기대는 허무하게 무너졌다.

조선박람회가 열리고 처음 며칠 동안의 입장객 수는 재조선 일본인과 조선총독부 당국의 기대에 미치지 못했다. "15년 전 공진회 때는 개최 첫날 어마어마하게 입장객이 많았는데, 이번 박람회는 무슨 이유인지 입장객 수가 적어서 표 파는 사람이 하품할 여가가 있는 모양"이라는 한숨 섞인 말이 이곳저곳에서 터져 나왔다.[14]

일제는 조선박람회에 동원된 조선인을 1910년대의 공진회 관람객을 바라보는 시각과는 다른 방식으로 보았다. 1910년대에 일제는 공진회 관람객을 '계몽'의 대상으로 여겼다. 조선총독부가 구사하던 식민지배 담론을 익히게 하려고 동원한 일종의 '교육 대상자'였던 것이다. 그러나 10여 년 후 그들은 여전히 1910년대와 같은 방식으로 관람객을 동원했지만, 이제는 그들을 계몽의 대상이 아니라 상품의 소비자로 파악했다. 박람회를 개최하는 이유가 완전히 달라진 것이다.

하지만 식민 당국이 원하는 것처럼 관람객은 충분히 소비자의 역할을 하지 못했다. 그들은 일본인 업자가 만족할 만큼 재력을 갖추지도 못했다. 그런데도 재조선 일본인 업자는 그 구매력이 떨어지는 사람들을 상대로 장사할 꿈에 부풀어 미리 거액의 투자를 했던 것이다. 그러한 투자는 결국 업자 스스로 부담해야 할 짐으로 돌아왔다.

관람객 동원에 대한 기대가 너무 컸던 탓인지 여관업자도 과잉 투자와 그에 미치지 못하는 관람객 수로 인해 몸살을 앓았다. 박람회 개최 전에 경성의 여관업자는 예전 공진회 때 엄청나게 많은 인원이 몰려들어 여관이 그야말로 특수를 누렸다는 사실을 회상하고는 거액의 돈을 투자해 미리미리 시설을 확충해두었다. 그러나 관람객 수는 그들이 예상한 수준에 미치지 못했다. 사람들이 몰려들지 않아 투자한 돈을 회수하지 못할 처지에 빠진 업자가 적잖았다.

달라지지 않은 전시 내러티브와 가속화된 이탈

1929년 조선박람회의 규모는 이전보다 조금 커졌다. 경복궁 박람회장

조선박람회장 전경.
조선총독부 편, 《조선박람회기념사진첩》, 1930, 21쪽

의 정문은 광화문이었다. 관람객은 광화문 입구로 들어와 정해진 동선을 따라 관람한 후 경복궁 북쪽의 신무문으로 나가게 되어 있었다. 회장 내에는 산업관, 쌀의 관(米の館), 사회경제관, 심세관, 교육미술공예관, 교통토목건축관, 사법경무위생관, 기계전시관, 참고관, 육군관, 해군관, 수족관, 축산관, 연예관, 야외극장 등이 있었고, 이외에 철도국이나 일본의 각 부·현이 가설한 특설관도 많았다.

산업관은 북관과 그보다 규모가 좀 더 큰 남관의 두 건물로 구성됐다. 남관에는 농업, 임업, 수산업 생산품이 전시돼 있었고, 각종 통계표와 동양척식주식회사가 출품한 농촌 풍경 모형, 금강산 모형 등이 설치돼 있었다. 동양척식주식회사는 천녀(天女)가 동양척식주식회사 소유의 농장 위를 날아다니는 모양을 디오라마로 표현해 설치했는데, 당시로서는 보기 힘든 것이어서 관람객의 관심을 끌었다. 북관에는 각종 공산품, 도자기, 광산물, 조선 광구 분포도 등이 전시됐다. 또 미쓰코시 백화점이 출품한 양복이나 개량 온돌 모형도 있었다.

조선박람회 전시관은 이전의 공진회 전시장과 비교해 전시 내용은 유사했지만, 새로운 시각 장치를 도입해 확실히 웅장하고 화려해진 면이 있었다. 예전에는 벼 품종 몇 종, 묘목 몇 그루를 가져다놓은 것에 그친 반면, 조선박람회는 당시로서는 보기 드문 모형 등을 많이 전시해 관람객의 시선을 확 끌어당겼던 것이다.

'쌀의 관'에는 공진회 때와 비슷하게 벼 품종 샘플이 병에 담겨 전시됐다. 그런데 벼 품종만 잔뜩 늘어놓으면 관람객의 눈길을 흔들어놓을 수 없으니, 주최 측은 이를 감안해 여기에 수리조합 모형, 풍년춤을 추는 자동인형 장치 등 예전에 볼 수 없었던 것을 더해 진열해놓았다. 또 조선 왕조 시절의 농법과 조선총독부가 들어선 이후 보급된 농법의 차이를 표시한 자료와 쌀 생산 통계 자료도 있었다.

쌀의 관 다음에 위치한 사회경제관에는 유치원, 맹인 교육, 부랑아 수용 시설, 공설 시장, 직업소개소의 현황을 표시한 통계와 모형이 전시됐다. 또 도시의 생활 모습을 소개한다면서 신식 옷을 입은 가족의 모습을 마네킹으로 전시하고, 문화주택도 만들어놓았다. 그런데 문화 주택에서 생활하는 가족의 모습은 1915년 매일신보사가 주최한 가정 박람회 때 전시된 것과 유사했다.

사회경제관에는 금융기관 현황, 노동임금, 정미 생산량 등과 같이 경제 관련 통계를 그래프로 만든 자료가 많았는데, 다소 복잡해서 알 아보기는 쉽지 않았다. 게다가 그래프의 통계 수치도 실제와 차이가 있었다. 조선토목건축협회가 만들어 걸어놓은 노동임금 증가 현황 그 래프만 봐도 알 수 있다. 조선토목건축협회는 토목 청부업자가 모여 만든 조직인데, 안 그래도 회원사끼리 담합해서 수리조합, 하천 제방, 철도 공사를 나누어 낙찰받아 부당 이익을 챙긴다는 비판을 받고 있었 다. 앞에서도 간단히 설명했듯이 이들은 도급으로 공사비를 받아서 그 중 일부를 노동임금으로 지급했는데, 실제 지급된 노임은 원래 계상된 공사비 예산과 달랐다. 중간에서 이러저러한 명목으로 떼어가는 돈도 많았고, 아예 노골적으로 가로채가는 돈도 적잖았다. 이 때문에 '거액 의 예산을 들여 공사를 해도 이중, 삼중의 청부제도 때문에 궁민(窮民) 에게 돌아가는 것은 30전 내외에 불과하다'는 비판이 제기됐다.[15] 이 무

동양척식주식회사가 출품한 천녀 디오라마.
조선총독부 편,《조선박람회기념사진첩》, 1930, 37쪽

조선박람회에 전시된 쌀의 관 내 '풍년춤을 추는 자동인형'.
조선총독부 편,《조선박람회기념사진첩》, 1930, 45쪽

문화주택에서 단란하게 생활하는 가족을 표현한 전시물.
조선총독부 편, 《조선박람회기념사진첩》, 1930, 51쪽

렵 조선토목건축협회는 노동자 1인에게 하루 약 70전의 노임을 지급하는 것이 합리적이라고 해서 통계 자료에도 그렇게 제시했는데, 실제 그들이 지급한 노임은 그 절반에도 미치지 못했다. 전시관에 걸린 그래프는 실상을 제대로 반영하지 못한 것이었다.

사회경제관 옆에는 미술품과 교육 통계, 교과서 견본 같은 것이 전시된 교육미술공예관, 각 도의 현황을 소개하는 자료를 전시한 심세관, 철도와 도로망 그리고 하천 개수 사업의 성과 같은 것을 시각 자료로 소개한 교통토목건축관, 감옥이나 경찰 업무와 관련된 모형과 통계를 걸어둔 사법경무위생관, 발동기나 정미 기계 등 기계류가 주로 전시된 기계전시관, 일본 각 부와 현의 출품물이 전시된 참고관과 내지관, 일본의 군사력을 군함이나 전투 모형 등을 통해 소개한 육군관과 해군관이 있었다.

조선박람회의 전시관은 전체적으로 보아 조선물산공진회나 부업품공진회 때보다 더 다채로운 내용으로 꾸며졌다. 그러나 전시물을 통해 일제가 조선인을 세뇌하고자 하는 내러티브는 조선물산공진회 때의 스토리와 크게 다를 것이 없었다. 1915년 조선물산공진회가 열릴 당시 조선총독부는 일제가 식민지 조선의 과거와 현재, 미래 모두를 가장 잘 아는 존재라고 선언했다. 조선의 전통문화를 이해하고 문화재를 발굴하여 보여줄 수 있는 능력도 자신들에게 있으며, 조선 각 지역의 현재 상황을 한 번에 파악하는 능력 역시 자신들에게 있다고 했다. 그러고는 전시장 사방에 배치한 전시물을 통해 조선이 나아가야 할 미래의 방향까지 확실히 아는 존재는 바로 조선총독부라고 외쳤다. 세월

이 흘렀지만 1929년 개최된 조선박람회에서도 그때와 거의 동일한 메시지를 담고 있었다.

달라진 것이 있다면 약 20년 동안 조선총독부가 식민지 조선을 통치한 덕분에 이만큼 조선이 달라졌다고 자화자찬하는 스토리가 더해졌을 뿐이다. 시정 5년 기념 조선물산공진회 때와 비교해 조선인의 살림이 나아졌다는 것이다. 그러한 주장을 좀 더 멋있게 표현하기 위해 일제는 동양척식주식회사 소유의 농장 위로 천녀가 날아다니는 모습을 디오라마로 연출했고, 행복한 가족의 모습을 문화주택 모형 위에 구현했으며, 풍년으로 흥겨워하는 농민의 모습을 자동인형으로 보여주었다. 조선인이라면 이 인형과 모형을 보고 조선총독부의 지배에 환호하는 것이 마땅하다는 뜻이었다.

일제는 그러한 내러티브를 강화하기 위해 좀 더 많은 물건과 모형, 통계표를 다채롭게 펼쳐놓았다. 그러나 이들 전시물 속에 숨겨진 내러티브는 조선물산공진회 때와 마찬가지로 조선인의 일상생활과는 너무나 간극이 컸다. 조선인의 고단한 삶을 전혀 담지 못했고, 식민지 조선이 맞닥뜨린 문제와 그 극복 방안도 제대로 제시하지 않았다. 식민지 조선의 모든 것이 조선총독부 덕분에 '완벽해졌다'는 다소 생뚱맞은 주장만 담았다. 평범한 조선인이라면 이런 전시장을 둘러보고 '과연 내가 사는 조선 땅이 이렇게 천녀가 날아다닐 정도로 낙원이란 말인가?' 하는 질문을 던질 수밖에 없었을 것이다.

《동아일보》1929년 11월 1일 자 풍자만화에는 한 시골 부녀(父女)가 서울 친척의 인도를 받으며 박람회를 구경하는 모습이 익살스럽게 표현돼 있다. 박람회 구경을 마친 딸이 "아주 엉터리로 구경을 시켜주었나 봐!"라면서 박람회장 출구에서 친척을 향해 삿대질을 한다. 그러자 그 친척은 "아니다, 아니야. 있는 대로 다 봤다"라며 박람회 전시물을 제대로 다 구경시켜주었노라고 항변한다. 이 말을 듣고 딸은 아버지에게 "아, 이걸 보려고 시골에서 서울까지 끌고 왔소?" 하고 묻고, 아버지는 "할 말 없다. 어서 가서 노자 빚 갚을 준비나 하자" 하고 걸음을 재촉한다.

이 만화에서처럼 박람회라는 이름을 붙이고 조선물산공진회나 부업품공진회 때보다 더 큰 규모의 전시물을 가져다놓았다 해도 평범한 조선인의 감동을 이끌어내지는 못했다. 시골 사람이라 세상 물정도 모르고 전시품의 진가도 몰라본 것이 아닌가 할 수도 있겠으나, 심세관이나 교통토목건축관 같은 곳은 그저 선전용 통계 자료만 잔뜩 전시돼 있어서 아예 관람객의 호응을 끌지 못했던 것이 사실이다. 산업관도 매한가지였다. 동양척식주식회사 소유의 농장이 마치 낙원처럼 묘사돼 있어서 상식 있는 사람이라면 흥미를 느낄 수 없었던 것이다.

당시 인구의 80퍼센트 이상이 시골에서 농사짓는 농민이었다는 사실을 돌아볼 때 만화에 등장하는 시골 사람은 그냥 평범한 조선인 그 자체임을 쉽게 알 수 있다. 이렇게 조선인은 박람회를 그저 남의 이야기처럼 감흥 없이 바라보기만 했다.

사라진 박람회에 대한 환상

1929년 조선박람회는 '시정 20년'을 기념하는 취지에서 일제의 조선

박람회에 볼 만한 것이 없다는 사실을 비꼬는 내용의 풍자만화.
〈말꽐랑이 박람회 구경〉 27, 《동아일보》 1929년 11월 1일 자

지배 정책이 거둔 '효과'를 선전하는 내용의 물품을 다수 전시했다. 당시 조선 총독 사이토 마코토(齋藤實)는 조선박람회를 개최하는 이유가 조선총독부의 시정을 과시하는 데 있다고 밝혔다.

> 본 박람회 개설의 취지는 이미 양지하는 바와 같이 조선 내의 시정 각반의 상태를 일장에 전시하여 본부(本府) 경영 20년간의 실적을 명시하고 또 장래 발전에 대비하고자 하고, 조선 이외의 각지 출품에 의하여 상호 연락에 편리하게 하고자 하는 것이다. 더욱 이 기회에 지역 외 다수 인사들에게 조선에 대한 시찰을 청하여 조선에 대한 공정한 이해를 득하고, 조선 개발에 기여하기를 절망한다.[16]

요컨대 박람회 개최의 목적이 근대 기술 발명품의 교류와 광고가 아니라, 조선총독부의 행적 그 자체를 전시하는 데 있다는 것이다. 식민 지배자의 '능력'과 '성과'를 전시하기 위해 박람회를 개최한다는 것은 기획자에 의해 오브제의 선택과 배제의 논리가 작동한다는 것을 의미한다. 기획자가 지정한 대상만 기억해야 하고 마음에 담아두어야 한다는 강제 논리가 작동하는 것이다. 이와 같은 왜곡된 계몽 논리 앞에서 관객은 쉽사리 흥미를 잃는다. 조선인 관람객이 시큰둥한 반응을 보인 것은 바로 이 때문이었다.

사실 전시된 통계 자료가 너무 가독성이 떨어져서 아무도 보지 않고 그냥 지나가버린다는 지적이 당시에도 문제로 제기됐다. '통계에 대한 설명이 불충분해서 박람회 자체의 의의를 무시했고', 그 때문에 그 자료를 제대로 이해한 관람객이 없다시피 하다는 것이다.[17] 그런데 재조선 일본인이나 상인은 조선총독부가 식민 지배 정책을 효과적으로 선전하든 말든 별로 관심이 없었다. 그들은 어디까지나 박람회를 이용해 사람을 끌어 모으고, 그 관람객을 상대로 재고로 남아 있는 물건을 팔아치울 꿈에 부풀어 있었다.

예를 들어 전차를 운행하는 경성전기회사는 관람객이 몰려들어 전차를 많이 이용할 것이라고 예상하고 증차를 단행했다. 여관업자도 예전의 공진회, 1926년 박람회 때를 떠올리며 곧 일확천금을 긁어모을 것이라고 생각했다. 요컨대 조선총독부를 제외하고 이 박람회 개최를 염원하던 사람은 모두 돈벌이 기회가 또 한 번 찾아올 것이라는 기대에 차 있었던 것이다.

조선박람회경성협찬회는 박람회장 내에 매점을 열고 장사가 잘될 수 있도록 손님을 끌어들이는 데 전력을 다했다. 그 일환으로 협찬회는 박람회장 서쪽 광장에 연예관이라는 극장을 설치하고 춤 공연을 정기적으로 올렸다. 회장 중앙부에도 야외극장을 만들어 간단한 공연을 할 수 있게 해놓았다. 이 극장 공연에 얼마나 정성을 들였는지 협찬회는 처음 무대에 올린 기생 춤 공연이 인기를 끌지 못하자 공연 팀을 교체해버렸다. 사실 조선박람회가 처음 문을 열었을 때는 대중의 관심이 그리 높지 않았다. 협찬회로서는 어떻게든 손님을 끌어들여야 했기 때문에 전시물의 허접한 수준을 상쇄할 수 있는 무언가가 필요했는데, 그 무언가가 바로 공연이었다. 이러한 판단에서 협찬회는 그동안 조선인이 보지 못했던 공연을 기획하고 놀이 시설도 정성 들여 설치했다.

협찬회는 어린이를 타깃으로 한 놀이공원도 개설했다.[18] 회장 내 동쪽 대지에 설치돼 있던 '어린이 나라'가 바로 그 놀이공원이었다. 어린이 나라에는 어린이 기차, 비행 탑 같은 놀이 시설과 함께 미끄럼틀, 시소, 목마, 정글짐, 철봉 등 요즘 어린이 놀이터에서 흔히 볼 수 있는 기구가 놓여 있었다.

회장 서북쪽에는 '만국거리(萬國街)'라고 하는 일종의 서커스 공연장이 있었다. 이곳에서는 매일 두 차례 공연이 열렸는데, 이 공연에서 가장 인기를 끈 것은 아니타 푸시라는 체코 사람의 차력 쇼였다. 그는 소와 힘 대결을 하기도 하고 배 위로 지나가는 자동차의 무게를 견뎌 관람객의 탄성을 자아냈다.[19] 아니타 푸시 외에도 러시아 사람인 니나 안테리스가 탱고를 추었고, 일본인 야마모토 마사오가 나와서 혼자 바이올린, 피아노, 하모니카 등 모두 25개의 악기를 연주하는 쇼를 보여주었다.

이 만국거리의 쇼는 가장 인기 있는 공연이었다. 박람회장 안에서 이런 쇼가 펼쳐진다는 소문이 퍼지자 박람회를 찾는 발길도 늘어났고, 그 결과 약 10만 명이 이 공연을 보러 왔다. 덕분에 만국거리의 쇼는 입장료 수입만 1만 7000원에 이를 정도로 히트를 쳤다. 그런데 이 쇼는 뜻하지 않게 논란을 불러일으켰다.

조선박람회 개최가 결정되자 협찬회는 박람회장 내에 매점을 설치할 땅을 확보하고 이를 일반에 임대해 수익을 거두었는데, 박람회장 출구 밖에도 따로 제2회장이라고 해서 음식점이나 동물원 땅을 확보해 민간에 임대했다. 제2회장에 자리한 상인은 박람회 구경을 마치고

조선박람회장에 들어선 만국거리.
조선총독부 편, 《조선박람회기념사진첩》, 1930, 201쪽

조선박람회장 내 '어린이 나라'에 설치된 놀이 기구.
조선총독부 편,《조선박람회기념사진첩》, 1930, 199쪽

나오는 사람을 상대로 호객 행위를 해서 매출을 올린다는 전략을 세웠는데, 회장 안의 만국거리에서 펼쳐지는 쇼가 너무 큰 인기를 끌다 보니 그 공연을 보느라 박람회장 내에서 시간을 다 보내고 식사도 도시락으로 해결하는 사람이 많았던 모양이다. 출구 밖에 있는 상인이 아무리 손님을 끌어보려 해도 집에 갈 시간이 다 됐다면서, 또는 배가 부르다면서 도무지 음식점을 찾는 사람이 없었다. 이 때문에 제2회장의 상인은 만국거리로 몰려들어 데모를 하기도 했다.[20]

박람회를 관람한다면서 몰려든 사람이 날로 늘어나다 보니 상인이나 음식점도 무언가 팔아보겠다고 아우성을 쳤다. 심지어 도청까지 나서서 지역 특산물을 팔겠다고 특설관을 설치해 판촉 행사를 벌였다. 조선박람회장 안에는 박람회사무소 직영 전시관 외에도 각 도에서 특별히 설치한 도 특설관과 일본 주요 부·현의 특설관, 대만관 그리고 일본의 주요 기업과 철도국, 영림창, 동양척식주식회사의 기업 특설관도 설치돼 있었다. 각 도 특설관에는 그 지역의 특산물과 즉매소, 휴게소 등이 있었다. 지역 특산품을 판매하는 곳인 셈이었다.

일본 각 지방의 특설관에도 지역 특산품이 진열돼 있었고 장내 분위기도 도 특설관과 다를 것이 없었다. 대만관에는 타이완을 대표하는 장뇌삼과 열대과일이 진열, 판매됐다. 그런데 지방에서 올라온 관람객은 금융조합 등에서 돈을 빌려 그 돈을 소비하는 형편이어서 구매력이 사실상 거의 없었다. 박람회장 안에서 무언가 팔아보겠다고 특설관 담당자가 적극적으로 호객 행위를 하는데다 관람객의 대다수가 없는 살림에 억지로 동원돼 올라온 시골 사람이었기에 일반 매점은 장사가 잘 되지 않았다. 경성에 살고 돈도 두둑한 사람이 물건을 사러 박람회장을 찾는 경우는 거의 없었다. 그런 사람은 만국거리의 쇼 같은 진기한 구경거리를 찾아 박람회 구경을 나온 경우가 대다수였다.

분위기가 이렇게 돌아가다 보니 상인들이 집단적으로 조선박람회 협찬회에 몰려가 대책을 마련하라고 촉구하는 일이 벌어졌다.

> 조선박람회 경성협찬회에서 지정한 박람회 본관들과는 떨어진 경복궁 신무문 뒤 경무대에 배설된 매점 주인 60명이 지난 12일부터 조선박람회가 개최된 이후로 오늘날까지 예상 밖에 흥정이 도무지 없으므로 모처럼 여러 가지로 준비하고 설비한 것에 비하여 손해가 적지 않다고 하여 매점 주인 40여 명은 조선박람회사무국을 방문하고 매점의 현황을 진정하는 동시에 박람회 경성협찬회에 대하여 처치의 부당함을 항의했다.[21]

박람회가 북적거릴 것을 예상하고 큰돈을 투자했는데, 막상 수요가 없어 그 돈을 모조리 날릴 판이라는 것이었다. 경성의 버스 회사도 관람객이 모처럼 경성에 올라와 버스라도 한 번 더 타보려 하지 않겠느냐면서 차량을 더 구입해두었는데, 생각보다 관람객이 버스를 타지 않아 투자한 돈을 날렸다고 한다. 《동아일보》 1929년 10월 31일 자 기사는 상인과 일본인 회사가 '당한' 그 '딱한' 사정을 이렇게 전했다.

> 조선에 전례 없이 대규모로 개최된 박람회는 50일간의 개회 기간도 하루를 남기고 문을 닫게 됐다. (……) 박람회 자신은 대성공을 했다 하여 성공

자축 기념 대경품 행사를 하여 백미 20석을 1등 상품으로 하는 인기 집중책을 쓰기로 됐으며, 최종일인 31일에도 백미 50석을 경품으로 내걸었다. (……) 경성부영버스도 상당한 승객 수입을 보았지만 박람회를 기회로 거액의 자본을 들여 차량을 늘려놓았으므로 수지 계산을 하면 결손을 보았다고 하며, 택시 영업도 박람회 이전보다 100대나 증가하여 300여 대가 됐고 수입도 매일 한 대당 30원에 달했다고 하는 모양이다. 그러나 조선인 영업자 중에는 빚을 내거나 전당을 잡혀 사업을 확장한 사람이 있어 박람회가 끝나는 대로 문을 닫거나 도산할 지경이라고 한다. 상인들은 박람회 구경 오는 지방 손님에게 물건을 팔 셈으로 물건만 많이 사서 놓으면 있는 대로 팔릴 줄 알고 힘닿는 대로 상품을 준비하여놓았다. 그러나 이것은 정견 없는 것으로, 상리의 밝은 행위가 아니었다는 것은 박람회 개최 첫날부터 분명히 들었다. 조선인의 구매력은 옛날의 공진회 때나 부업공진회 당시와 같지 아니하여 상품을 산적했으나 고객은 극히 한산하여 큰 손실을 보게 됐다. (……) 박람회를 믿고 제일 활약을 꾀한 영업은 여관업자다. 본시 경성에는 조선인 여관이 200처 있었는데, 박람회 통에 돈을 벌어보겠다고 너도나도 여관을 개설했기 때문에 수효가 400곳이나 됐다. 협찬회는 그중 350처를 박람회 지정으로 정하여 상경객을 투숙하게 계획을 꾸몄는데, 막상 박람회가 열리고 나니 여관에 투숙할 상경객이 예상의 절반에도 미치지 못했다.[22]

이처럼 상인, 여관업자, 버스·전차 회사는 공진회 때처럼 시골 사람이 몰려들어 상업 경기가 대박을 터뜨릴 것이라 생각하고 너나없이 투자를 확대했다. 그러나 소문난 잔치에 먹을 것 없다더니 그 기대는 무참히 깨져버렸다. 시골 사람도 더 이상 속지 않겠다는 마음이었는지 관람객으로 동원돼 경성으로 올라온다 하더라도 지갑을 좀처럼 열지 않았다. 조선박람회 측은 입장객이 111만 8000여 명에 이르렀다면서 박람회가 대성공을 거두었다고 발표했지만, 그 숫자는 조작이라는 지적이 많았다. 실제로 박람회사무국, 경무국, 협찬회가 집계해 발표하는 입장객 수가 서로 달라 입장객 통계 자체에 대한 신뢰는 떨어져 있었다. 상인은 입장객이 그렇게 많다면 우리 장사가 왜 이렇게 안 되는 거냐며 분통을 터뜨렸다.

조선박람회를 주최한 조선총독부와 이에 후원을 아끼지 않은 협찬회가 박람회에 투영한 욕망은 각기 달랐다. 총독부 당국은 어떻게 하면 이 행사를 통해 일제의 식민 지배를 선전할 수 있을까 고민했고, 협찬회와 업자는 어떻게 하면 돈을 벌 수 있을까 전전긍긍했다. 그러나 두 욕망은 제대로 충족되지 못했다. 이들은 모두 조선인 관람객이 그저 순응적으로 박람회장에 끌려나와 총독부의 선전에 눈이 휘둥그레지고 상인의 호객 행위 앞에서 지갑을 열어 돈을 펑펑 쓸 줄 알았다.

조선인은 조선물산공진회, 부업품공진회, 1926년 조선박람회를 거치면서 이 기만적 선전 행사에 더 이상 속지 않을 정도로 단련이 되고 말았다. 아무리 현란한 전시품을 설치하고 서커스 공연을 한다 해도 일상에 지친 조선인은 이 박람회가 평범한 조선인을 위한 행사가 아니라는 것을 잘 알았다. 일제 당국과 재조선 일본인은 그 사실을 몰랐던 게 아닐까?

식민지 조선의 박람회와 공진회는 조선인의 것이 아니었다. 이들 행사는 조선총독부가 식민 지배 정책을 홍보하고 일본제국주의의 '위대함'을 선전하기 위해 마련한 광고 프로그램이었다. 프로그램의 주인공은 조선총독부이고, 조선인은 동원된 '병풍 같은' 관객에 지나지 않았다. 총독부가 매번 공진회와 박람회의 흥행을 위해 동원한 군중의 규모를 보고 놀란 상인은 그 행사를 돈벌이 기회로 삼기 위해 혈안이 됐다. 그들은 이 거대한 광고 프로그램에 협찬을 한다, 별도의 매점이나 판매 공간을 만든다 하면서 부산을 떨었다. 그러나 혈색 없이 눈앞에 벌어지는 광경을 멍하니 바라보던 조선인이 전시된 물건이나 공연에 감동해서 지갑을 열 것이라는 기대는 유치한 발상에 지나지 않았다. 총독부 당국과 재조선 일본인 그리고 소수의 돈 많은 상인의 잔칫상에 '꿔다놓은 보릿자루' 같은 신세로 끌려온 조선인은 박람회와 공진회를 그저 '남의 일'로 바라볼 뿐이었다.

일제강점기에 YMCA 회장으로 있으면서 여러 방면에 영향력을 행사했던 윤치호는 1929년 12월 30일의 일기에서 "조선박람회는 시골 사람들에게 1000만 엔 이상의 돈을 낭비하도록 강요했지만 관람객들이 얻은 것이라곤 엄청난 빚뿐이었다"라며 박람회를 개최한 조선총독부를 비난했다. 그는 세금과 부과금, 여러 가지 강요된 기부금으로 조선인의 살림살이가 악화되는 마당에 당국과 일본인이 돈벌이에만 몰두한다고 한탄했다. 또 "이 박람회는 조선인들의 세금으로 개최됐고, 박람회가 끝나자마자 곧 가을철 세금 징수가 들이닥칠 것"이라고도 지적했다.

윤치호가 지적한 대로 식민지 조선의 공진회와 박람회는 조선인이 배제된, 그리고 일제 당국과 소수 일본인 부자만을 위한 행사였다. 총독부는 식민 지배의 정당성과 '성과'를 어떻게든 선전해보고자 이 행사를 대대적으로 주최했고, 장사꾼은 동원된 관람객을 상대로 돈벌이를 해볼 요량으로 박람회 개최에 찬동하고 나섰다. 일제의 행정 조직은 이 행사에 관람객을 동원하고자 혈안이 됐고, 지역마다 조직된 협찬회도 억지로 단체 관람단을 꾸려 보냈다.

관람객은 한번 동원되고 나면 금전적으로 적잖은 타격을 입었다. 가뜩이나 돈이 없는데 경성으로 공진회 구경을 간다, 박람회 구경을 간다 하면서 이래저래 돈을 지출해야 할 상황에 처하게 된 것이다. 지방의 부·면 직원은 "금융조합 돈을 융통해줄 테니 경성 구경을 한번 해보라, 이것은 둘도 없는 기회다"라는 말로 가난한 농민을 꼬드겼다. 그런 유혹과 강압을 견디지 못해 수많은 지방 사람이 적잖은 빚을 내가면서 공진회, 박람회 구경에 나섰다. 하지만 그들은 하나같이 허탈한 마음을 안고 귀향했다.

식민지 조선의 앞날은 박람회가 그린 것처럼 핑크빛으로 물들어 있지 않았다. 천정부지로 소작료가 뛰어오르고, 수해와 가뭄이 번갈아 찾아오는 농촌을 잠시 떠나 박람회를 한번 둘러보고 온다고 해서 그 암울한 현실이 곧바로 뒤바뀔 리 만무했다. 일제는 이렇게 비참한 식민지 현실을 하소연할 장을 원천 봉쇄하고 오직 자신들의 내러티브만 머릿속에 담으라고 강요했다. 그 빗발치는 기만과 배제의 담론 선전장 밖에서 조선인의 일상생활은 나날이 힘겨워지기만 했다.

나가는 말
:

미셸 푸코는《감시와 처벌》에서 '근대의 권력은 물리적 억압이 아니라, 사회 구성원으로 하여금 규율을 내면화하는 방식으로 행사된다'고 주장했다. 사람은 권력이 원하는 규율을 자기 마음속에 담아두고 그것에 따라 생활을 영위한다. 푸코에 따르면 감시를 위한 내재화된 장치인 규율권력은 교육이라는 거대한 '공장'을 통해 사회 구성원에게 주입되고, 이로써 공장에서 부품을 조립해 하나의 제품을 만들어내듯 예속적 주체를 만들어낸다.

혹자는 일제가 개최한 공진회와 박람회도 그러한 기능을 했다고 주장한다. 식민권력이 스스로에게 선한 이미지를 덧씌우고, 이런 행사를 통해 그것을 확산할 수 있었다는 것이다. 어떤 사람은 제한된 공간 안에서 일정한 기간에만 물품을 전시하는 공진회, 박람회가 과연 그러한 기능을 할 수 있었을까 하는 의문을 품기도 하지만, 당시 공진회와 박람회가 갖는 이미지는 상당히 인상적이어서 어느 정도는 효과를 기대할 수도 있었다. 그러나 식민권력이 이들 행사를 통해 거두려고 한 기대효과는 태생적으로 큰 문제점을 지니고 있었다.

일제는 조선총독부라는 식민권력을 '문명화의 사명'을 부여받은 초월적 존재로 묘사했다. 조선총독부가 식민지 조선의 과거 역사를 가장 잘 알고 있고, 현재의 모습까지도 일목요연하게 파악하고 있다고 과시했다. 또 이러한 권력자를 신뢰하고 따르기만 한다면 조선의 미래는 밝을 것이라고 홍보했다. 공진회에 전시된 물품은 물리적으로 볼 때 벼 품종이나 수공업품 같은 것이었지만, 관념적으로 볼 때는 조선총독부 그 자체였다.

이와 같이 조선총독부의 초월적 권위와 전지전능한 능력이 강조됐다는 것은 일제가 어떤 의도를 가지고 공진회를 기획했는지 여실히 보여준다. 일제는 조선인이 조선총독부에 순종하는 동시에, 자기비하적 정체성을 갖기를 원했다. '야만의 조선'과 '문명의 일제'를 대비하여 후자에 대한 전자의 열등함을 부각하고, 그 문명의 대변자로서 조선총독부를 자리매김하고자 한 것이다. 조선총독부는 화려한 디오라마와 현란한 춤 공연 등을 배치한 후 연일 매체를 통해 공진회로 인해 '조선 문명화의 제일보'가 시작됐다고 선전했다.

하지만 이 같은 권력 그 자체가 전시장의 핵심을 차지하는 순간 관람자와 기획자 사이에는 커다란 간극이 발생하게 된다. 조선인 관람자는 자신이 그 행사의 주체가 아니라는 점을 바로 인지했다. 이러한 간극은 결과적으로 배제의 힘으로 작용하게 됐고, 조선인의 흥미를 크게 떨어뜨리는 요인이 됐다. 1915년 조선물산공진회가 처음 문을 열 당시에는 크게 주목을 끌기도 했지만, 어느 순간부터 공진회가 조선인의 외면을 받게 된 데는 이러한 이유가 있었던 것이다.

공진회에 전시된 물건도 조선인의 무관심과 냉소를 자아냈다. 조선의 지형과 기후 현실에 적합하지 않은 벼 품종을 과대 선전하는 모습이나, 짚신 같은 일상용품만 잔뜩 쌓여 있는 전시장을 바라본 조선인은 조선총독부가 과연 그들이 주장하는 것처럼 초월적, 초문명적 존재인지 의심하게 됐다.

공진회에 대한 부정적 시각은 1920년에 접어들어 더 강화됐다. 일제는 일종의 자기도취에 빠져 정치적, 사회적 위기가 발생할 때마다 공진회 개최를 고려했다. 그러나 1923년 조선부업품공진회 때 사람들은 노골적으로 공진회를 비아냥거리기 시작했고, 공진회 열기는 순식간에 사라져버렸다. 그때부터 공진회는 상인과 여관업자의 돈벌이 기회 이상의 의미를 갖지 못했다.

당시 경성의 일본인 상인과 여관업자는 공진회가 열릴 때마다 총독부가 지방에서 많은 사람을 동원해왔다는 점에 주목했다. 이에 그들은 경기가 좋지 않을 때마다 공진회를 개최해달라고 조르기 시작했다. 그들은 박람회에 대한 대중의 기대가 클 것이라는 생각을 품고 1920년대 후반부터는 명칭도 공진회에서 박람회로 바꾸어야 한다고 주장했다. 조선총독부는 그 요청을 받아들여 박람회 개최를 결정했는데, 이때부터 박람회는 상인과 당국의 유착으로 꾸며진 상품 판매 행사장 이상의 의미를 갖지 못하게 됐다. 윤치호가 말한 것처럼 박람회는 조선

인의 외면을 받았고, 그저 소리만 요란한 서커스 행사로 기억되기에
이른 것이다.

조선총독부는 일제가 '문명의 화신'으로 비쳐지기를 간절히 원했
고, 조선인이 그러한 이미지를 내면화하기를 바랐다. 그러나 식민지 조
선의 공진회와 박람회는 그 기대에 미치지 못했다. 이 지점에서 우리
는 단순히 권력이 문명에 정통한 초월적 존재라는 이미지만 구축한다
고 해서 관람자가 권력의 동조자가 되는 것이 아님을 알게 된다. 초보
적이고 미숙한 식민권력은 공진회, 박람회를 여러 차례 기획해 나가면
서 이러한 현실을 깨닫게 됐다. 1930년대 이후 박람회가 식민지 조선
사회에서 더 이상 의미를 갖지 못한 것은 이러한 이유 때문일 것이다.

주

들어가는 말

1   김태웅, 〈1915년 경성부 물산공진회와 일제의 정치 선전〉,《서울학연구》18, 2002, 139~168쪽; 강민기, 〈조선물산공진회와 일본화의 공적(公的) 전시〉,《한국근현대미술사학》16, 2006, 45~78쪽.

2   송인호·김제정·최아신, 〈일제강점기 박람회의 개최와 경복궁의 위상 변동–1915년 조선물산공진회와 1929년 조선박람회를 중심으로〉,《서울학연구》55, 2014, 111~138쪽.

1   식민권력이 바라본 박람회

1   Bennett, *Past Beyond Memory*, p.2.

2   關屋貞三郎, 〈朝鮮敎育に就て〉,《公立普通學校長講習》, 1912.

3   이노우에 슌 저, 최샛별 역,《현대문화론》, 이화여자대학교출판문화원, 2004, 17~19쪽.

4 〈國內臨時博覽會事務所設置請議書〉, 各部請議書存案, 1902.

5 〈박람회〉,《서우(西友)》11, 1907.

6 권태억, 〈통감부 설치기 일제의 조선 근대화론〉,《국사관논총》53, 1994.

7 권태억, 〈통감부 설치기 일제의 조선 근대화론〉,《국사관논총》53, 1994

2   1910년대의 지방물산공진회와 식민권력의 자기 이미지 구축 시도

I 방광석, 〈메이지유신 시기의 서양 체험과 입헌제 수용〉,《역사와 담론》84, 2017.

2 마루야마 마사오 저, 김석근 역,《일본의 사상》, 한길사, 1998, 86쪽.

3 박진우, 〈근대 천황제와 일본군국주의〉,《천황과 일본 문화》, 2004, 157쪽.

4 《매일신보》1915년 3월 3일 자, 〈공진회는 조선인의 신원지기〉 1.

5 釋尾旭邦, 〈總督政治に對韓し朝鮮人は何の不平あるか〉,《조선급만주》45, 1912.

6 釋尾旭邦, 〈寺內總督に奉る書〉,《조선급만주》, 40, 1911.

7 권태억, 〈1904~1910년 일제의 한국 침략 구상과 시정 개선〉,《한국사론》31, 1994.

8 釋尾旭邦, 〈總督政治に對韓し朝鮮人は何の不平あるか〉,《조선급만주》45, 1912.

9 《매일신보》1914년 11월 7일 자, 〈寺內 총독의 훈시〉.

10 釋尾旭邦, 〈韓人は如何に日本を見るか〉,《조선》1-2, 1908.

11 차명수·황준석, 〈1910년대에 쌀 생산은 정체했나?〉,《낙성대경제연구소 월페이퍼》, 2015, 16~25쪽.

12 조선총독부,《조선하천조사서》, 1929, 35쪽.

13 〈朝鮮の水利事業と河川調査〉,《조선급만주》102, 1916.

14 조사 대상으로 선정된 14대 하천은 한강, 금강, 낙동강, 만경강, 영산강, 섬진강, 대령강, 예성강, 임진강, 성천강, 청천강, 대동강, 재령강, 용흥강이다. 조선총독부,《조선의 하천》, 1935, 18쪽.

15 〈問題となつた富平水利工事不淨の責任者は誰れ〉,《조선급만주》238, 1927.

16 《동아일보》1932년 6월 18일 자, 〈부청의옥 익 확대, 현직 관리도 관련, 유명한 토목업자와 상인들은 거의 전부 관련〉.

17 《동아일보》 1932년 6월 9일 자, 〈경성부청을 싸고도는 의운(疑雲)〉.

18 산림청, 《2016년 산림기본통계》, 2016, 15쪽.

19 조선임업협회 저, 임경빈 외 역, 《조선임업사》 상, 1941, 26쪽.

20 우종춘, 〈독일 임업의 발전사〉, 《산림경영》 49, 1990.

21 大日本山林會, 《明治林業逸史》, 1931, 11~13쪽.

22 加藤兵次, 〈林野稅廢止問題に就て當局者の三省を促す〉, 《조선농회보》 5월호, 1936.

23 〈林業20周年の回顧〉, 《조선산림회보》 56, 1929.

24 송인호·김제정·최아신, 〈일제강점기 박람회의 개최와 경복궁의 위상 변동〉, 《서울학연구》 55, 2014.

25 주윤정, 〈조선물산공진회와 식민주의 시선〉, 《문화과학》 33, 2003.

26 Irit Rogoff, "From Ruins to Debris: The Feminization of Fascism in German-History Museums", *Museum Culture, Histories, Discourses, Spectacles*, University of Minnesota Press. 1994, p.232.

27 주강현, 《세계박람회 1851~2012》, 블루&노트, 2012, 52쪽.

28 《매일신보》 1914년 5월 20일 자, 〈공진회 출품 표준〉.

29 《매일신보》 1915년 1월 1일 자, 〈내추(來秋) 개최의 공진회는〉.

30 경상북도청, 《경상북도물산공진회사무보고》, 1913, 57쪽.

31 손경희, 〈일제강점기 경북 영일군의 이주 일본인 증가와 토지 소유 확대〉, 《대구사학》 122, 2016.

32 《매일신보》 1913년 11월 7일 자, 〈평남통신 서선공진회휘보〉.

3 1915년 시정 5년 기념 조선물산공진회와 '무대' 공간의 확대

1 《매일신보》 1913년 11월 8일 자, 〈공진회와 품평회〉.

2 조중응은 대한제국 시기에 법부대신, 농상공부대신 등을 역임한 인물로, 1907년 고종의 강제 퇴위를 지지했고 이완용 내각의 법부대신으로 활동한 대표적 친일파다. 안

중근이 이토 히로부미를 사살하자 '이토 히로부미 조문단'을 이끌고 장례식에도 참석했으며, 국권피탈 직후에는 일제의 자작 작위를 받았다. 그는 중추원 고문과 대정친목회 회장 등으로 활동하며 친일 행각을 벌이다가 1919년 사망했다.

3   《매일신보》1915년 1월 1일 자, 〈동양식 문명국의 조선과 총독신정〉.

4   《매일신보》1914년 12월 24일 자, 〈공진회협찬회 설립에 대하여〉.

5   《매일신보》1914년 8월 19일 자, 〈공진회 위원에 대한 총독 훈시〉.

6   《매일신보》1915년 1월 12일 자, 〈공진회 출진물(出陳物)에 대하여〉.

7   정규홍, 《우리 문화재 수난사》, 학연문화사, 2005, 164쪽.

8   《매일신보》1915년 1월 20일 자, 〈〈미술관 특설 이유: 이왕직 스에마쓰(末松) 사무관 이야기(談)〉.

9   《매일신보》1915년 1월 20일 자, 〈미술관 특설 이유: 이왕직 스에마쓰(末松) 사무관 이야기(談)〉.

10 《매일신보》1914년 6월 3일 자, 〈고려청자요 신발견〉

11 小宮三保松, 〈朝鮮藝術衰亡の原因及其の將來〉, 《조선휘보》, 13~15쪽.

12 《매일신보》1915년 10월 8일 자, 〈조선 고미술 淵叢-고고학자의 垂誕万丈할 진품 귀물이多함〉

13 《매일신보》1913년 4월 25일 자, 〈도자기의 사업〉

14 《매일신보》1915년 1월 12일 자, 〈공진회 출진물에 대하여〉.

15 《매일신보》1915년 1월 20일 자, 〈미술관 특설 이유: 이왕직 말송 사무관 담〉.

16 《매일신보》1915년 1월 28일 자, 〈공진회와 조선인의 의무〉.

17 《매일신보》1915년 9월 16일 자, 〈각 지방의 단체와 관람 후의 개인 감상〉.

18 기 드보르 저, 이경숙 역, 《스펙터클의 사회》, 현실문화연구, 1996.

19 《매일신보》1915년 3월 31일 자, 〈공진회와 충주, 대관광시찰단 조직〉.

20 《매일신보》1915년 5월 26일 자, 〈황해도, 공진 관람 장려〉.

21 《매일신보》1915년 7월 7일 자, 〈공진회와 상업계, 신임 상점의 발전 임흥순 씨의 활동〉.

22 《매일신보》1915년 10월 15일 자, 〈1일 3천의 여관 유숙인, 매일 평균 만여 명의 입경자, 경성 내 여관업자의 대번창〉.

23 염상섭, 〈세 번이나 본 공진회〉, 《개벽》 41, 1923.

24 백지혜, 《스위트 홈의 기원》, 살림, 2005.

25 《매일신보》 1915년 8월 24일 자, 〈가정박람회〉.

26 《매일신보》 1915년 8월 26일 자, 〈가정의 개량〉.

4   상품 판촉 행사로 변질된 공진회: 1923년 조선부업품공진회

---

1 《매일신보》 1922년 2월 20일 자, 〈조선곡물공진회 개최, 조선농회 주최〉.

2 《동아일보》 1923년 6월 22일 자, 〈부업공진회의 계획〉.

3 《동아일보》 1923년 9월 30일 자, 〈부업공진회와 경계, 당국의 과민한 태도〉.

4 《동아일보》 1923년 6월 21일 자, 〈부업공진계획요령〉.

5 조선부업품공진회 편, 《조선 부업품공진회 사무 보고》, 1923, 66~67쪽.

6 《동아일보》 1923년 10월 8일 자, 〈부업공진회 성황의 제3일〉.

7 〈나 亦 求景의 영광을 입던 니약이〉, 《개벽》 41, 1923.

8 염상섭, 〈세 번이나 본 공진회〉, 《개벽》 41, 1923.

5   공진회에서 박람회로: 상품 홍보의 장이 되어버린 박람회

---

1 《동아일보》 1923년 5월 19일 자, 〈박람회 개최기〉.

2 《동아일보》 1923년 1월 2일 자, 〈조선 경제계의 1년간 회고〉.

3 《매일신보》 1923년 5월 21일 자, 〈경성상업회의소 회장 이야기〉.

4 이형식, 《朝鮮總督府官僚の統治構想》, 吉川弘文館, 2013

5 《동아일보》 1926년 5월 13일 자, 〈조선박람회 금일부터 개막〉.

6 《매일신보》 1927년 5월 29일 자, 〈조선박람회 취지서〉.

7 《동아일보》 1927년 2월 25일 자, 〈조선박람회〉.

8 《동아일보》 1927년 2월 26일 자, 〈공업자대회〉.

9 〈제52회 제국의회중동상운동경과보고〉,《(경성상업회의소월보)조선경제잡지》 4월호, 1927.

10 柳川勉,《土木建築界之改革を叫ふ》, 1927, 5쪽.

11 《동아일보》 1027년 2월 26일 자, 〈공업자대회〉.

12 《동아일보》 1027년 6월 15일 자, 〈상의평의원회〉.

13 《동아일보》 1927년 12월 20일 자, 〈총독부 명년도의 예산〉.

14 《조선일보》 1929년 9월 15일 자, 〈입장권이 아직 팔리나〉.

15 〈사선에 선 농촌과 그 대책〉,《동광》 36, 1932.

16 〈조선박람회에 대하여〉,《조선》 10월호, 1929.

17 〈조선박람회〉,《조선지광》 11월호, 1929.

18 《동아일보》 1929년 10월 6일 자, 〈박람회 소식〉.

19 《매일신보》 1929년 9월 10일 자, 〈만국거리〉.

20 《동아일보》 1929년 10월 2일 자, 〈장외흥업자가 결속하고 진정〉.

21 《동아일보》 1929년 9월 24일 자, 〈조박 60여 매점 강경한 항의 제출〉.

22 《동아일보》 1929년 10월 31일 자, 〈명일로 종막되는 조선박람회〉.

참고문헌

1차 자료

• 신문
《동아일보》《매일신보》《조선일보》

• 잡지
《(경성상업회의소월보)조선경제잡지》《개벽》《동광》《서우》《조선》《조선급만주》《조선농회보》《조선산림회보》《조선지광》

• 기타
〈國內臨時博覽會事務所設置請議書〉, 各部請議書存案, 1902
경상북도청,《경상북도물산공진회사무보고》, 1913
關屋貞三郎,〈朝鮮敎育に就て〉,《공립보통학교장강습》, 1912
大日本山林會,《明治林業逸史》, 1931
柳川勉,《土木建築界之改革を叫ぶ》, 1927

조선부업품공진회 편,《조선 부업품공진회 사무 보고》, 1923

조선임업협회 저, 임경빈 외 역,《조선임업사》상, 1941

조선총독부,《조선의 하천》, 1935

조선총독부,《조선하천조사서》, 1929

산림청,《2016년 산림기본통계》, 2016

2차 자료

• 단행본

기 드보르 저, 이경숙 역,《스펙터클의 사회》, 현실문화연구, 1996

마루야마 마사오 저, 김석근 역,《일본의 사상》, 한길사, 1998

백지혜,《스위트 홈의 기원》, 살림, 2005

수잔 벅 모스 저, 김정아 역,《발터 벤야민과 아케이드 프로젝트》, 2004

이노우에 슌 저, 최샛별 역,《현대문화론》, 이화여자대학교출판문화원, 2004

정규홍,《우리 문화재 수난사》, 학연문화사, 2005

주강현,《세계박람회 1851~2012》, 블루&노트, 2012

Tony Bennet, *Pasts Beyond Memory: Evolution, Museums, Colonialism*, 2004

이형식,《朝鮮總督府官僚の統治構想》, 吉川弘文館, 2013

• 논문 외

강민기,〈조선물산공진회와 일본화의 공적(公的) 전시〉,《한국근현대미술사학》16, 2006

국성하,〈일제 강점기의 박람회〉,《내일을 여는 역사》47, 2012

권태억,〈1904~1910년 일제의 한국 침략 구상과 시정 개선〉,《한국사론》31, 1994

권태억, 〈통감부 설치기 일제의 조선 근대화론〉,《국사관논총》53, 1994

김소연, 〈한국 근대기 미술 유학을 통한 '동양화'의 추구: 채색화단을 중심으로〉《한국근현대 미술사학》27, 2014

김영희, 〈조선박람회와 식민지 근대〉,《동방학지》140, 2007

김인덕, 〈시정5년 기념 공진회와 미술관 전시에 대한 소고〉,《한국민족운동사연구》64, 2010

김인덕, 〈조선총독부박물관 전시에 대한 소고〉,《전남대학교 세계한상문화연구단 국제학술 회의 발표집》, 2011

김태웅, 〈1915년 경성부 물산공진회와 일제의 정치 선전〉,《서울학연구》18, 2002

남기웅, 〈1929년 조선박람회와 '식민지 근대성'〉,《한국학논집》43, 2008

박소현, 〈'고려자기'는 어떻게 '미술'이 되었나: 식민지시대 '고려자기 열광'과 이왕가박물관 의 정치학〉,《사회연구》11, 2006

박진우, 〈근대 천황제와 일본군국주의〉,《천황과 일본 문화》, 2004

방광석, 〈메이지유신 시기의 서양 체험과 입헌제 수용〉,《역사와 담론》84, 2017

배민재, 〈1910년대 조선총독부 임시은사금사업의 운영방향과 그 실제〉,《한국사론》55, 2009

손경희, 〈일제강점기 경북 영일군의 이주 일본인 증가와 토지 소유 확대〉,《대구사학》122, 2016

송인호·김제정·최아신, 〈일제강점기 박람회의 개최와 경복궁의 위상 변동: 1915년 조선물산 공진회와 1929년 조선박람회를 중심으로〉,《서울학연구》55, 2014

안금희, 〈전시 내러티브 사례 분석 연구〉,《미술교육논총》29-1, 2015

양유정, 〈박물관 성장기반으로서의 스토리텔링구조 연구〉,《박물관학보》10·11, 2006

양지연, 〈박물관 전시물의 개념 변화와 전시물 기반 학습의 적용〉,《미술교육논총》20-2, 2006

오영찬, 〈식민지 박물관의 역사 만들기-조선총독부박물관 상설전시의 변천〉《역사와현실》 110, 2018

우종춘, 〈독일 임업의 발전사〉,《산림경영》49, 1990

이정욱, 〈조선총독부의 지역지배의 식민지성: 시정5년 기념 조선물산공진회(1915)와 전북〉,

《아시아문화연구》41, 2016

조은영, 〈한국 근·현대 미술관의 형성과 전개에 관한 연구〉, 홍익대 석사학위논문, 2005

주윤정, 〈조선물산공진회(1915)에 대한 연구〉, 한국정신문화연구원 석사학위논문, 2003

주윤정, 〈조선물산공진회와 식민주의 시선〉, 《문화과학》 33, 2003

차명수·황준석, 〈1910년대에 쌀 생산은 정체했나?〉, 《낙성대경제연구소 월페이퍼》, 2015

차문성, 〈근대 박물관 현성과정에 대한 연구: 박물학과 박람회의 영향을 중심으로〉, 중앙대 석사학위논문, 2008

최유나·이찬, 〈서사적구조에 의한 역사계 박물관 전시 연출에 관한 연구: 서울역사박물관을 중심으로〉, 《한국공간디자인학회논문집》 6-4, 2011

최향란, 〈파리 세계박람회와 보석산업의 혁신(1860년대~1870년대)〉, 《역사와실학》 68, 2019

하세봉, 〈식민지권력의 두 가지 얼굴 조선박람회(1929년)와 대만박람회(1935년)의 비교〉, 《역사와 경계》 51, 2004

Irit Rogoff, "From Ruins to Debris: The Feminization of Fascism in German-History Museums", *Museum Culture, Histories, Discourses, Spectacles*, University of Minnesota Press, 1994